PROCÈS
DE
MARIE-ARMAND
Marquis
DE MAUBREUIL.

Nota. « Ce travail avait été préparé, non pour être imprimé, mais seulement pour servir de base à une plaidoyerie susceptible de recevoir à l'audience des développemens plus étendus. »

SE TROUVE

A ROUEN, chez Frère, Libraire.
A LILLE, chez Castiaux, Lib^{r}., sur la grande Place.
A CAMBRAI, chez Hurez, Imp.-Lib^{r}., grande Place.
A ARRAS, chez Leclercq, Imprimeur-Libraire.
A VALENCIENNES, chez Giard, Libraire.

CONCLUSIONS

De M. l'Avocat-Général

MAURICE,

Dans la cause de MARIE-ARMAND *de* MAUBREUIL, *plaidée aux audiences des* 18, 19 *et* 20 *décembre* 1817, *devant la* COUR ROYALE DE DOUAI, *Chambre des appels de police correctionnelle ;*

Suivies de l'arrêt rendu le 22 *du même mois par ladite Chambre, sous la Présidence de* M. MARESCAILLE DE COURCELLES, *assisté de* MM. DELAETRE, WOUSSEN, VIGNERON *et* DEGOUVE DENUNCQUES, *Conseillers.*

De l'Imprimerie de WAGREZ-TAFFIN à Douai.

A Paris, chez VERDIÈRE, libr. Quai des Augustins, n°. 27.

A Douai, chez TARLIER, Libraire.

MESSIEURS,

LA cause qui nous occupe est importante, non seulement par le nombre et la singularité des faits qu'elle présente, mais encore par la qualité du prévenu et par le haut rang de la personne qui s'est plaint d'avoir été dépouillée par lui.

Les questions à résoudre ont même été jusqu'à présent si controversées, que rien n'a encore été statué définitivement, quoique déjà un Conseil de guerre, un Tribunal de première instance, deux Cours Royales et la Cour de Cassation ayent rendu successivement des jugemens et des arrêts.

Puisse celui que vous porterez naître sous de plus favorables auspices ! Puisse-t'il accélérer le moment où le sort du prévenu sera fixé !

Innocent ou coupable, l'incertitude doit être un tourment pour lui.

Le talent admirable qu'a déployé son éloquent défenseur, ne nous permet d'aspirer, Messieurs, qu'à un seul genre de mérite : celui de l'exactitude et de la précision.

Vous faire d'abord un exposé simple et fidèle des particularités de la cause, telles que l'instruction les présente; vous soumettre ensuite une discussion des points de droit et de fait, sur l'impartialité de laquelle vos consciences puissent se reposer, telle est la tâche que nous allons essayer de remplir, enhardis par l'espoir que vous nous conserverez, dans une occasion aussi solennelle, cette indulgence tutélaire, qui, depuis sept ans, a seule soutenu notre faiblesse.

Ce qui pourra contribuer à nous rassurer encore, c'est la connaissance de cette équité inaltérable, qui vous garantit de jamais rien préjuger dans les affaires, avant que le Ministère public ait été entendu.

Cet exemple de retenue, de prudence et de sagesse ne sera pas perdu pour le public, qui afflue dans cette enceinte.

Il se dira, que, dans les Tribunaux, quiconque n'a entendu que l'une des parties, n'a rien entendu.

Il attendra comme vous et avec vous, pour se former une opinion, que nous ayons répondu à ces mémoires que l'on a distribués avec profusion, que nous ayons rempli les lacunes et déjoué les réticences qu'ils offrent, que nous ayons réfuté ces manuscrits et ces libelles que l'on a fait circuler clandestinement, et surtout que nous ayons mis au jour des charges et des preuves que le prévenu a dissimulées jusqu'ici, quoiqu'elles ressortent de toutes les pages de la procédure.

Lorsque la vérité aura fait ainsi briller ses rayons

sur toutes les parties de la cause, sur l'attaenb comme sur la défense, chacun pourra, (si nos forces toutefois ne trahissent pas nos intentions) se demander, la main sur la conscience, si de Maubreuil est innocent, ou s'il est suffisamment prévenu d'avoir commis le vol qui lui est imputé.

FAITS.

Comme on vous l'a dit, Messieurs, de Ma ubreu est né en Bretagne, d'une famille noble et distinguée.

Jeune encore, il embrassa la carrière des armes.

En Westphalie, il parvint au grade de capitaine des chevaux-légers de la garde; Jérôme le nomma son écuyer.

Il alla, en 1808, avec son régiment faire la guerre d'Espagne et de Portugal.

Ses services lui valurent la décoration de la Légion d'honneur.

De retour en Westphalie, il quitta le service de cette puissance et revint en France.

De militaire, il devint fournisseur.

Associé aux Srs. Devanteaux et de Geslin pour le service des vivres de l'armée de Catalogne, il rompit la société au bout de trois mois; sa mise de fonds lui fut restituée, et de plus, une somme de 275,000 fr., à ce qu'il paraît, lui fut comptée. Cela n'empêcha pas de Maubreuil de rechercher long-tems et de saisir toutes les occasions de témoigner au Sr. Devanteaux de l'inimitié et du ressentiment.

Il fit ensuite l'entreprise des remontes de la cavalerie ; mais il l'abandonna bientôt pour conclure avec le Ministre Comte de Cessac, un traité par lequel il s'engageait à approvisionner la place de Barcelone.

Il avait déjà souscrit un grand nombre d'engagemens avec des sous-traitans, lorsque Buonaparte revenant de Moscow, jugea convenable d'annuller le traité principal.

Ce coup d'autorité ébranla ou renversa même la fortune de Maubreuil.

Dès-lors, de nombreux procès lui furent intentés ; ses biens furent mis sous le séquestre ; ses revenus furent saisis.

Nonobstant cet état de pénurie, il offrit au Ministre de la guerre, en février 1814, de lever à ses frais deux escadrons de cavalerie pour coopérer au soutien du Trône chancelant de Buonaparte.

Cette offre demeura sans suite.

Six semaines après, les alliés entrèrent dans Paris ; Maubreuil alors changea de systême ; il parut vouloir marcher sur les traces de sa noble famille, qui, depuis plusieurs années, versait son sang pour le triomphe de la cause légitime ; il arbora la cocarde blanche ; il proclama le nom révéré de Louis XVIII.

Monté sur la colonne de la place Vendôme, il y dépensa vingt pièces d'or, pour faire abattre à force de bras et de cordages, la statue qui la surmontait.

C'est là qu'il fit la connaissance du nommé Dasies, ex-garde-magasin de Nogent-sur-Seine.

Dans ces élans d'enthousiasme véritable ou simulé de la part de Maubreuil, il sortit des bornes que prescrivaient la modération et la sagesse ; il attacha sa croix d'honneur à la queue de son cheval, et se promena en cet état dans tout Paris.

Il s'était, depuis l'entrée des alliés, réconcilié avec le Sr. Devanteaux, chez qui logeait le Comte de Sémallé, Commissaire de S. A. R. Monseigneur le Comte d'Artois. Maubreuil se rend un jour, accompagné de Dasies, dans cette maison ; ils y trouvent un Sr. Delagrange, qui, en vertu de pouvoirs, avait suivi et fait rentrer tout récemment au garde-meuble et au trésor, une valeur que les Buonaparte emportaient et que l'on estimait à 28 millions.

Dans la conversation, le Sr. Delagrange annonce que tous les bijoux de la couronne ne sont pas rentrés ; que notamment des caisses numérotées 2 et 3, que le mameluck Rustan s'était fait remettre par le caissier, n'avaient pas été restituées.

Dasies est à l'instant chargé de découvrir ce mameluck ; il y parvient ; il en fait rapport à MM. Delagrange et de Maubreuil ; ce dernier manifeste alors l'intention d'aller à la découverte des deux caisses ; il en demande l'autorisation formelle à M. de Sémallé, qui la lui refuse.

Sur ce refus, Maubreuil et Dasies se rendent chez le général Dupont, Ministre de la guerre et chez M. le Comte Anglés, Ministre de la police générale.

Chez l'un et l'autre Ministres, Maubreuil déclare qu'il a les moyens de recouvrer les caisses de bijoux de la couronne numérotées 2 et 3 ; il demande les ordres nécessaires pour assurer les moyens et le succès de cette expédition. Les deux Ministres les délivrent, et même en double, parce que Maubreuil leur avait fait part, en leur présentant Dasies, qu'il se l'était adjoint pour cette opération.

Ces deux premiers ordres furent délivrés dans la soirée du 16 avril 1814.

Le lendemain 17, d'autres ordres ayant aussi pour but de faciliter l'exécution de la mission, furent encore expédiés en double par le Directeur général des postes de France, (M. Bourrienne) par le général en chef de l'infanterie Russe, Baron Sacken, par le général d'état-major des troupes Alliées, Baron de Brokenhausen.

Ce qui vient d'être dit, Messieurs, relativement à l'objet et au but de cette mission de Maubreuil et de Dasies, résulte textuellement du compte que Dasies lui-même en a rendu dans un interrogatoire qu'il a subi le 26 avril 1814, immédiatement après son arrestation. Cet interrogatoire que l'on peut vérifier, est coté n°. 88.

Cependant, tandis que les ordres s'expédiaient, que faisait Maubreuil. ?

La volonté ne lui était pas venue de rechercher les caisses de bijoux n°s. 2 et 3 sur les voitures de Buonaparte, ni sur celles de Joseph, ni sur celles de Jérôme.

Son intention était d'arrêter uniquement les voitures de la Princesse Catherine de Wurtemberg, épouse de Jérôme, dont il avait été l'écuyer.

Cette Princesse logée alors dans le palais du Cardinal Fesch, rue du Mont-Blanc, se disposait à partir pour Orléans.

Maubreuil et Dasies se mirent à épier avec une extrême vigilance les préparatifs du voyage ; plusieurs fois, ils cherchèrent à pénétrer dans le Palais.

On informa la Princesse, qu'un officier, (c'était Maubreuil), se présentait souvent, pour demander le jour de son départ; elle en conçut des inquiétudes :

on lui conseilla de prendre une escorte ; malheureusement elle n'en fit rien.

Le 17 avril, Maubreuil et Dasies vinrent encore au Palais du Cardinal, et s'informant de l'instant du départ, ils donnèrent pour motif, qu'ils avaient un paquet à remettre à Jérôme.

Dès ce moment, ils apprirent que la Princesse se mettrait en route dans la journée du lendemain et se résolurent à la suivre.

Ici, Messieurs, un nouveau personnage entre en scène : c'est le nommé Colleville, ancien Garde-du-Corps.

Maubreuil, qui le connaissait, alla le trouver, et lui montrant les pouvoirs que les Ministres et les Généraux alliés lui avaient donnés, il lui proposa de prendre part à sa mission.

Colleville accepta, dans la persuasion que les intentions de Maubreuil étaient pures ; celui-ci le fit partir pour Fontainebleau.

Nous ne parlerons plus que transitoirement de Colleville, parce que l'enlèvement des diamans et de l'or fut consommé en son absence et sans sa participation.

Le lundi 18 avril, à trois heures du matin, la Princesse Catherine quitta Paris pour se rendre à Orléans.

Le même jour, à midi, Maubreuil et Dasies montèrent dans une calèche et prirent la même route ; bientôt ils atteignirent la Princesse et demandèrent des chevaux à plusieurs postes en même temps qu'elle.

A celle de Péthiviers, Maubreuil fut instruit par le Maire que la Princesse allait se rendre à Nemours avec ses voitures et ses fourgons.

Maubreuil et Dasies prirent l'avance ; le lendemain 19, ils arrivèrent à Nemours dans la soirée.

Le 20, au matin, ils étaient à Fossard.

Dasies descendit à la poste pour s'informer du moment où devait passer la Princesse. Le fils du maître de poste lui dit qu'il l'attendait dans la matinée du lendemain.

Ils partirent pour Montereau, où ils descendirent dans une auberge ; Maubreuil, qui, à son départ de Paris, était vêtu en bourgeois, portait alors un uniforme de Colonel de hussards et Dasies, un habit de garde-national.

Ils se rendirent à la demeure de l'Officier qui commandait les troupes Françaises logées dan cette ville, s'annoncèrent comme Aides-de-Camp du Ministre de la guerre, et exhibèrent les divers ordres dont ils étaient porteurs.

Sur leur réquisition, huit mamelucks et chasseurs de la garde furent mis à leur disposition.

A dix heures du soir, laissant leur calèche à Montereau, ils montèrent à cheval; et à onze heures, ils arrivèrent à Fossard, suivis du détachement que l'on avait placé sous leurs ordres.

Ils entrèrent dans l'auberge tenue par le nommé Pierre Faye; Maubreuil appelait Dasies « M. le Commissaire. » Il plaça des factionnaires à la porte de l'auberge et de la maison de poste, et des vedettes sur les routes qui conduisent à Fossard; il revint passer la nuit dans l'auberge avec Dasies, au coin du feu.

Nous voici arrivés à un période très-intéressant de la cause.

Nous vous supplions, Messieurs, de redoubler d'attention, s'il est possible.

Le 21 avril, à cinq heures du matin, Maubreuil et Dasies remontent à cheval pour aller à la rencontre de la Princesse.

Vers sept heures, un courier vient à la poste de Fossard commander 27 chevaux pour elle; une demi-heure après, la Princesse conduite avec le Comte et la Comtesse de Furstenstein dans une voiture à six chevaux, n'était plus qu'à deux portées de fusil du village de Fossard, lorsqu'elle est arrêtée par Maubreuil et Dasies revêtus de leurs uniformes, à la tête de leurs cavaliers, et se disant l'un, Commandant de la force armée et l'autre, Commissaire civil.

Ils lui déclarent qu'ils sont chargés de l'arrêter et *de saisir ses malles, parce qu'elle est soupçonnée d'avoir enlevé des diamans de la couronne.*

Elle répond qu'elle est incapable d'une pareille action et demande l'exhibition de leurs ordres.

Ils montrent leurs pouvoirs ; le Comte de Furstentein veut en prendre lecture ; mais ils les retirent aussitôt de ses mains.

Ils disent à la Princesse que l'accomplissement de leur mission exige son retour à Paris.

Elle consent à y retourner; mais bientôt ils changent de résolution et ordonnent aux postillons de conduire jusqu'à Fossard la voiture qui portait les caisses ou malles.

Maubreuil court à la poste et défend de donner des chevaux à qui que ce soit ; il consigne le maître de poste dans sa maison avec tous ses domestiques.

Il s'empresse de retourner sur la route pour faire avancer la voiture de la Princesse et celle qui était chargée de ses effets, tandis que des chasseurs et des mamelucks, le sabre à la main, font rétrograder les voitures de sa suite vers le chemin de Fontainebleau.

La voiture de la Princesse et celle où étaient les caisses sont conduites à l'auberge de Faye, à côté de la poste.

La Princesse descend ; Maubreuil et Dasies la font entrer dans une espèce de grange ou d'écurie.

Ils lui répètent du ton le plus dur et le plus impérieux le contenu de leurs ordres.

Ils refusent de prendre connaissance des passeports, qui lui avaient été délivrés par les Empereurs d'Autriche et de Russie.

Maubreuil écrit au commandant de Montereau pour lui demander, en vertu des ordres du Ministre de la guerre, un second détachement de douze chasseurs ; son billet est porté par un postillon.

Il charge le maître de poste d'envoyer un autre postillon et deux chevaux à Montereau, pour en ramener sa calèche qu'il y avait laissée la veille.

Il va rejoindre la Princesse dans la grange et la somme de faire décharger la voiture : puis s'adressant à Dasies :

« Allons, Monsieur le commissaire, faites donc
» débarasser les caisses ; quant à moi, je ne fais
» qu'exécuter les ordres du Gouvernement. »

La Princesse ordonne à ses domestiques d'apporter dans l'écurie toutes ses caisses; elles étaient au nombre de onze:

Sept, renfermant ses bijoux et ses diamans;

La huitième, contenant ceux de Jérôme, qui en avait gardé la clef;

La neuvième, une petite caisse carrée, enveloppée dans un sac et contenant 84,000 francs en or, que la Princesse destinait à ses frais de voyage;

La dixième, un écritoire complet;

La onzième, des objets de toilette.

Maubreuil et Dasies demandent les clefs de ces caisses; comme on hésitait à les satisfaire, ils menacent la Princesse de la traiter encore plus durement, et d'enfoncer les caisses, si les clefs ne leur sont remises à l'instant.

Elle les leur donne toutes, excepté celle de la caisse n°. 8, qui était restée entre les mains de son époux.

Elle veut que l'on ouvre les caisses en sa présence pour faire voir, qu'elle n'emporte rien à la couronne de France.

On n'en ouvre que trois ou quatre; une ou deux renfermaient des diamans; le Comte de Fursenstein représente qu'il est inutile d'ouvrir les autres. Dasies et Maubreuil disent : « Nous voyons bien ! nous voyons bien ! » Les caisses sont refermées et reportées dans la voiture ; on n'enlève rien de ce qu'elles contiennent. Maubreuil en conserve les clefs, qu'il met dans la poche droite de son pantalon.

En attendant le second détachement de troupes qu'il avait demandé à Montereau, Maubreuil se met à déjeuner avec Dasies dans une chambre de l'auberge au rez-de-chaussée.

La Princesse refuse d'y entrer ; elle reste dans la cour ou dans l'écurie ; une femme lui apporte une chaise pour s'asseoir.

Pendant le déjeuner, entre neuf et dix heures, un lieutenant arrive de Montereau avec douze hommes, chasseurs et mamelucks.

On dit à ces militaires, que la Princesse venait d'être arrêtée, parce qu'elle emportait les diamans de la couronne ; on place quatre factionnaires ou vedettes pour empêcher les voyageurs d'entrer dans l'auberge et même d'approcher du village.

Malgré cette consigne, des marchands venant de Sens, pénètrent dans l'auberge ; Maubreuil met en réquisition la patache ou voiture d'ozier couverte de toile, attelée de deux chevaux, qui les avait amenés.

Maubreuil et Dasies se rendent de nouveau près des voitures de la Princesse ; ils en font descendre dans l'écurie et pour la seconde fois les caisses, qu'ils ordonnent ensuite de charger sur la patache.

La Princesse dit alors à Maubreuil, qu'elle avait reconnu pour l'un de ses anciens écuyers : « quand » on a mangé le pain des gens, on ne se charge » pas d'une pareille mission ; ce que vous faites » est abominable ! » Je ne suis, répond-t-il, que » le Commandant de la force armée ; parlez au » Commissaire; j'exécuterai tout ce qu'il voudra ! »

Elle s'adresse à Dasies : « Vous me dépouillez de » tout ce qui m'appartient ; le Roi n'a jamais » donné de pareils ordres ; je vous jure sur mon » honneur et foi de Reine, [elle l'était alors] que » je n'ai rien à la couronne de France ! »

« Vous nous prenez pour des voleurs, répond » Dasies, je vais vous montrer que nous avons » des ordres ; il faut faire partir ces caisses. »

En ce moment, il remarque le sac renfermant la petite caisse carrée extrêmement lourde et entourée de ruban de fil. La Princesse déclare que cette caisse contient son or. Maubreuil et Dasies se retirent comme pour délibérer. Ils se rapprochent et ordonnent au Commandant des mamelucks d'emporter cette caisse avec les autres.

« Est-il possible, s'écrie la Princesse en pleu-

» rant, que vous preniez ainsi mes bijoux et mon » argent, et que vous m'exposiez à rester au mi- » lieu d'un chemin avec toute ma suite? » A ces mots, elle s'évanouit.

Lorsqu'elle a repris ses sens, elle demande à parler à Maubreuil et le prie à chaudes larmes de lui rendre son or, s'il la privait de ses bijoux. « Madame, lui répond Maubreuil, je ne suis que » l'exécuteur des ordres du Gouvernement; je » dois rendre vos caisses intactes à Paris; tout » ce que je puis faire pour vous, c'est de vous » donner ma ceinture; elle contient cent pièces » d'or de vingt francs. »

Plusieurs fois, elle refuse la ceinture; mais d'après le conseil du Comte de Furstenstein, elle l'accepte.

Le Comte vérifie le nombre de pièces d'or qu'elle contient; il n'en trouve que quarante-quatre, qui depuis ont été déposées avec la ceinture entre les mains du Juge de paix du canton de Pont-sur-Yonne.

Toutes les caisses ayant été chargées sur la patache, Maubreuil et Dasies donnent l'ordre d'y atteler deux chevaux, et de faire partir cette voiture par la route de Fontainebleau, sous l'escorte de quelques chasseurs.

En même-tems, ils commandent des chevaux pour la Princesse et ordonnent de la conduire à Villeneuve-la-Guyare.

Elle se récrie; elle proteste qu'elle accompagnera jusqu'à Paris son or et ses bijoux; Maubreuil et Dasies disent qu'ils ne le veulent pas; elle demande qu'au moins il lui soit permis de faire escorter ses caisses par une personne de confiance; elle essuye encore un refus.

La patache s'éloigne avec rapidité.

A midi, on fait remonter la Princesse en voiture, et on la force de partir pour Villeneuve-la-Guyare, sous l'escorte de deux chasseurs qui l'accompagnent jusqu'à deux lieues de Fossard.

Ils la quittent à cette distance, ayant aperçu un détachement de cavalerie Wurtembergeoise qui s'avançait.

Vous savez maintenant, Messieurs, de quelle manière s'est opéré l'enlèvement des diamans et de l'or; mais ces notions ne peuvent encore vous suffire pour déterminer quelle espèce de prévention s'élève contre Maubreuil; il est indispensable que vous acquériez aussi une connaissance approfondie des faits qui ont suivi ce premier événement.

Après le départ de la Princesse, Maubreuil

prescrivit au maître de poste de Fossard de ne donner de chevaux à personne dans les trois heures qui suivraient son départ.

Maubreuil et Dasies sortirent du village avec leur calèche, que l'on avait ramenée de Montereau; ils rejoignirent la patache sur la route, et arrivèrent à Chailly, (deux lieues au-dessus de Fontainebleau) à six heures du soir.

Ils demandèrent des chevaux; mais comme le maître de poste, qui était aussi Maire de la commune, ne pouvait leur en donner le soir même, ils se firent délivrer par lui des billets de logement pour eux et leur escorte. On leur assigna l'auberge du Cheval blanc, tenue par le nommé Belon.

Ayant choisi une chambre au premier étage, ils y font transporter les caisses de la patache; en les déchargeant, un garçon d'écurie remarque au fond du panier de cette voiture, la petite caisse de bois-blanc entourée de ruban de fil; il veut la soulever; mais elle est d'un si grand poids qu'elle se défonce; on retire alors de la patache plusieurs sacs que l'on replace dans la caisse que l'on venait de rajuster un peu; Maubreuil la transporte lui-même, non sans de grands efforts, jusqu'à sa chambre.

Sur son ordre, le fils de l'aubergiste monte sur

l'impériale de la calèche; il en détache une vache en cuir, qui, à son poids, lui paraît vide.

Lorsque cette vache et les caisses furent dans la chambre, Maubreuil en examina la serrure et ne l'ayant pas trouvée assez solide, il jugea prudent de faire transporter le tout dans une chambre voisine dont il prit la clef.

Avant de se mettre au lit dans la même chambre avec Dasies, il demanda s'ils étaient en sûreté.

Le lendemain 22 avril, à deux heures et demie du matin, ils firent replacer la vache sur l'impériale de la calèche; le postillon chargé de cette besogne, ne trouva pas cette vache légère et ne la jugea pas vide, comme l'avait fait, la veille, le fils de l'aubergiste; il la trouva au contraire fort lourde.

Une caisse assez petite, recouverte de cuir et qui paraissait pesante, (c'était le nécessaire de Jérôme) et la caisse brisée la veille, qui laissait apercevoir des sacs d'argent dans les interstices de ses planches mal rejointes, ne furent plus rechargées sur la patache avec les autres; Maubreuil et Dasies les firent placer dans l'intérieur de leur calèche.

Cela fait, ils renvoyèrent le lieutenant avec sa troupe dont ils ne gardèrent que trois hommes; ils commirent ces trois cavaliers à la garde de la patache jusqu'à Paris; Maubreuil recommanda à deux d'entre-eux de rester avec les trois chevaux hors des barrières, et au troisième de conduire seul la voiture à sa destination chez le Sr. Devanteaux, rue Taitbout, n°. 18, pour lequel il lui remit une lettre.

La patache et la calèche partirent ensemble de Chailly; elles passèrent aussi ensemble à Ponthierry, à Essonne, à Fromenteau; elles arrivèrent à Villejuif; là, les deux voitures se séparèrent.

La patache continua de s'acheminer vers Paris avec son escorte et arriva à midi chez le Sr. Devanteaux.

Maubreuil et Dasies, au lieu de suivre la route de Paris, prirent celle de Versailles par Berny.

Arrivés à Versailles, ils se firent conduire dans différentes auberges; n'ayant point trouvé d'appartement à leur gré, ils revinrent à l'auberge du Merle blanc, où ils s'étaient présentés d'abord.

Ils choisirent une petite chambre sur le derrière, éclairée par une seule fenêtre garnie de barreaux de fer et faisant face à un gros mur, ensorte que personne n'a vue sur cette pièce obscure, qui ressemble à une prison, comme ils le remarquèrent eux-mêmes.

Ils demandèrent à l'hôtesse, si la serrure était bonne et s'il y avait des voisins; elle leur répondit que la serrure était solide, et que le plus proche voisin était un homme âgé et fort tranquille.

Ils firent monter dans la chambre les deux caisses et la vache; la vache pesait environ cinquante livres; ils recommandèrent de la porter avec précaution et de ne la pencher ni la secouer, parce qu'elle renfermait quelque chose de *casuel*.

Ils firent allumer du feu dans leur chambre.

Un instant après, ils ordonnèrent d'aller leur chercher un serrurier; on en fit venir un qui, par ordre de Maubreuil et de Dasies, essaya d'ouvrir la serrure de la caisse enveloppée de cuir jaune, dont ils disaient avoir égaré la clef.

Ce serrurier qui était vieux, ne put y parvenir.

On alla en chercher un autre, qui, à l'aide d'un crochet, réussit à ouvrir la serrure, et ne souleva qu'un peu le couvercle pour s'assurer que la caisse était ouverte, sans rien voir de ce qu'elle contenait. (La caisse ne fut refermée que trois heures et demie après, par le même ouvrier.)

Après le départ de ce serrurier, Maubreuil et Dasies chargent le beau-frère de l'aubergiste de leur retenir un carosse de remise pour aller à Paris.

Une voiture est retenue. Le commissionnaire remonte à la chambre de Maubreuil et de Dasies pour leur rendre compte de ce qu'il a fait; il les trouve enfermés la clef en-dedans ; il leur parle à travers la porte ; ils répondent : « Nous passons » nos chemises, vous reviendrez. » A trois heures, la fille du loueur de voiture s'impatiente et vient demander l'heure du départ. On la conduit à la porte de la chambre ; elle frappe. Maubreuil et Dasies, tenant toujours leur porte fermée, demandent ce que l'on veut. On leur dit « C'est le loueur » de voiture qui fait demander l'heure ! —Oh bien, » répondent-ils, nous sommes en train de faire » notre correspondance, qu'on revienne dans » une heure. » La fille se retire mécontente et la voiture est louée à d'autres personnes.

A cinq heures, ils demandent un commissionnaire sûr pour envoyer une lettre à Paris. Ils la confient au beau-frère de l'aubergiste, qui se charge de la porter dans la soirée, et qui exécute sa commission ; cette lettre était à l'adresse de Prosper, chez le Sr. Vibain, rue St. Honoré. Ces mots étaient écrits sur l'enveloppe : « Pressée et six » francs au porteur. »

Quelque tems après, Dasies sort de l'auberge, et revient au bout d'une demi-heure, ayant à la main un petit paquet de oüate, et accompagné d'un jeune homme qui portait des caisses d'acajou de la grandeur d'un carton ordinaire. Le jeune-homme les dépose, est payé au bas de l'escalier et s'en va.

Les deux voyageurs se renferment de nouveau dans leur chambre.

Ils dînent à six heures et demie.

Vers huit heures, ils envoyent à la poste commander des chevaux.

La vache est rechargée sur l'impériale de la calèche; les deux caisses sont replacées dans l'intérieur; et la servante déclare que la plus grande, (c'est-à-dire celle couverte en cuir jaune, qui devait contenir les diamans de Jérôme et que l'on venait de faire refermer par le serrurier) lui parut moins pesante que le matin.

Les boëtes d'acajou que Maubreuil venait d'acheter sont aussi placées dans la voiture.

Maubreuil et Dasies partent de Versailles à 9 heures ; à dix, ils relayent à Sèvres et arrivent à Paris vers onze heures.

Avant de rendre compte des circonstances de leur arrivée, il est nécessaire de rapporter ce qui se passa chez le Sr. Devanteaux, lorsque la patache y fut rendue.

Le chasseur chargé de l'escorter y arriva vers midi ; il remit sa lettre : Madame Devanteaux entendant parler de Maubreuil fit un geste de mécontentement et dit : « Ah mon Dieu, toujours » entendre parler de ce mauvais sujet ! »

Le militaire parut surpris de ce qu'il n'était pas encore arrivé, ajoutant qu'il allait venir dans sa voiture et qu'il apporterait bien d'autres caisses: la patache était alors dans la cour; des Officiers de la garde nationale et des amis du Sr. Devanteaux étaient à déjeûner avec lui; l'un d'eux fit observer qu'il avait tort de recevoir les caisses et qu'il devait se défier de Maubreuil. Le Sr. Devanteaux répondit que c'était un service à rendre au Gouvernement et qu'il n'y avait point de danger. Il ordonna de monter les caisses dans son appartement et les fit placer dans un cabinet attenant à sa chambre à coucher.

Il se rendit aux Tuileries, y annonça l'arrivée des caisses ; on lui conseilla de les faire déposer à la sécrétairerie d'état : on le remit pour cette opération au lendemain.

Il fut passer la soirée en ville; en rentrant à une heure du matin, [nuit du 22 au 23 avril] il trouva à sa porte Maubreuil et Dasies qui l'attendaient.

Voici maintenant ce que ces derniers avaient fait dans les deux heures qui s'étaient écoulées, depuis leur arrivée à Paris jusqu'au moment de cette entrevue.

Nous avons déjà dit que Maubreuil envoya de Versailles à Paris, une lettre adressée à Prosper Barbier, son domestique: cette lettre fut remise à

Prosper le même jour 22 avril, à 8 heures du soir; son contenu dut le surprendre. Maubreuil, qui déja avait à sa disposition trois appartemens dans Paris, le premier, rue Taitbout, n°. 24; le second, rue Cérutti, n°. 16; et le troisième, rue Neuve du Luxembourg, n°. 25, lui enjoignait de chercher sur-le-champ un nouveau local et de le prendre à l'hôtel Virginie tenu par le Sr. Gontier, près la place Vendôme.

Prosper s'y rendit et n'obtint du Sr. Gontier qu'à force d'instances, deux petites pièces pour une seule nuit: il y attendit son maître.

A onze heures, Maubreuil et Dasies arrivent dans leur calèche.

Prosper aidé par son maître et par Dasies, retire de la voiture ce qu'elle contenait. Le portier de l'hôtel Virginie et sa fille remarquent une vache, un coffre, deux boëtes d'acajou, des cartons, un sac de nuit et un porte-manteau. Prosper décharge aussi la caisse à demi-brisée.

A minuit, Prosper sort, et dix minutes après il revient avec deux fiacres.

Il monte dans la chambre de son maître et en descend la vache qu'il met dans l'un des fiacres; il retourne dans l'appartement et redescend les deux boëtes d'acajou qu'il met aussi dans le même fiacre; il s'y place ensuite à côté de son maître.

Dasies monte dans l'autre fiacre : il va chez une Dame de sa connaissance, n'y reste qu'un quart-d'heure, et delà se fait mener rue Taitbout, n°. 18, chez le Sr. Devanteaux.

Quant à Maubreuil, lorsque la fille du portier de l'hôtel Virginie fut rentrée, il ordonna au cocher de le conduire rue Neuve du Luxembourg, n°. 25.

Il est essentiel d'observer, que le 20 mars précédent, Prosper avait loué sous son nom, mais pour le compte de son maître, trois petites pièces à l'entresol de cette maison; son Maître lui avait défendu d'indiquer ce local à qui que ce fût.

Le fiacre s'étant arrêté à la porte de cet hôtel rue Neuve du Luxembourg, Prosper frappe et se nomme. La femme du portier lui ouvre et lui donne de la lumière; elle le voit monter une vache à son appartement; le cocher remarque qu'il y porte aussi deux boëtes. Prosper redescend et remonte dans le fiacre qui attendait à la porte, et où il paraît que Maubreuil était resté.

On donne ordre au cocher d'aller rue Taitbout n°. 18, chez le Sr. Devanteaux.

Dans cette rue, le fiacre de Maubreuil et celui de Dasies se rejoignent; Dasies descend du sien et monte dans celui de Maubreuil.

Quelques minutes après, arrive la voiture du Sr. Devanteaux, qui revenait de passer la soirée en ville, comme nous l'avons dit. Maubreuil et Dasies entrent avec lui dans son hôtel.

En présence de M. de Geslin, il leur fait compliment d'avoir fait rentrer un nouveau trésor; il leur dit, que ce trésor était dans un cabinet au chevet de son lit; il ouvre la porte de ce cabinet et leur montre les caisses.

Il leur fait cependant observer, après le récit de leur expédition, que la Princesse Catherine n'était pas Française et que les objets qu'on lui avait pris, pouvaient lui appartenir; à quoi Maubreuil réplique, qu'en révolution tout est bon à prendre; qu'au surplus il avait des ordres.

Le Sr. Devanteaux leur représente qu'au moins ils auraient dû faire apposer le scel de la Princesse sur les caisses; ils objectent qu'ils n'en ont pas eu le tems, craignant l'arrivée des troupes Wurtembergeoises.

Il demande s'ils ont les clefs des caisses; Dasies répond qu'il avait eu ces clefs, mais qu'il croyait les avoir remises au Lieutenant des chasseurs de Montereau.

Cette allégation est fausse.

On leur demande d'autres explications.

Un colloque a lieu entre Dasies et Maubreuil ; ils paraissent embarrassés ; ils ont l'air égaré et battent la campagne.

Madame Devanteaux, qui, d'un appartement contigu, entendait ce qui se disait dans celui de son mari, s'étonne de ce que pour venir de Fontainebleau à Paris, Maubreuil et Dasies ayent passé par Versailles ; cette particularité augmente la défiance que lui inspirait Maubreuil.

Celui-ci annonce le projet d'aller le lendemain chez le général Dupont, Ministre de la guerre.

Avant de partir, il dit : « demain, je vous ap» porterai bien d'autres caisses. »

A deux heures et demie, Maubreuil et Dasies se retirent, et viennent passer le reste de la nuit à l'hôtel Virginie. Prosper va coucher rue Cérutti, no. 16.

A cinq heures du matin, Prosper revient à l'hôtel Virginie avec deux fiacres et un cabriolet.

On y place un grand nombre de paquets enveloppés dans des mouchoirs et des serviettes ; l'un de ces paquets paraît contenir un carton, et quelque chose d'assez élevé et d'un certain poids ; on monte dans les voitures, où ces effets avaient été déposés, et l'on part.

Dans la matinée, le bruit se répand que l'Empereur Alexandre à qui la Princesse Catherine avait adressé sa plainte, était indigné des outrages qu'elle avait reçus ; Maubreuil apprend qu'on menace de le faire fusiller.

Il prend le parti de se retirer au bois de Vincennes.

Il existe au procès une lettre que Maubreuil adressa, au sujet de cette retraite momentanée, à Sr. Henri Frimont, (nom supposé), poste restante, à Rouen.

Voici quelques passages de cette importante lettre, datée du 27 avril :

« Je suis à la veille d'éprouver une longue persé-
» cution; elle paraît indispensable. Je ne puis
» parler, et mon parti est pris irrévocablement.....

« Retenez bien ceci : Prosper est bien venu
» avec moi à Vincennes ; il s'y est promené, mais
» il n'a rien vu, ni pu voir de notre affaire
» d'honneur. Il ne connaît ni le lieu, ni le témoin;
» L..... seul vous fera tout savoir par la note. Soyez
» sûr de ce que je vous dis : je suis resté seul dans
» le bois.

« Ainsi soyez tranquille ; vous me connaissez !
» ce secret mourra avec moi, et croyez qu'après
» moi, vous seul en êtes propriétaire. Ne craignez
» rien : les arbres savent garder le silence ! De votre

» côté, n'oubliez pas ces fidèles témoins. Venez
» tous les ans à Vincennes jusqu'à ce que vous
» ayez fait des placemens ailleurs; achetez-y une
» propriété.....

« Encore une fois, ni Prosper, ni la Poirier, ni
» personne au monde ne connaît mon affaire du
» bois de Vincennes. »

Maubreuil à qui cette lettre fut représentée, la reconnut, prétendant néanmoins que ce n'était qu'un brouillon, dans lequel il avait parlé du bois de Vincennes seulement pour se désennuyer.

Cependant il ne resta pas long-tems dans le bois; il reparut à Paris dans la soirée.

Voyons ce qui se passa dans cette journée, tant au gouvernement provisoire, que chez le Sr. Devanteaux.

A sept heures du matin, celui-ci se rendit aux Tuileries; il vit Messieurs d'Escars, de Monticel et de Vitrolles. On lui donna l'ordre de faire transporter les caisses à la sécrétairerie d'état : peu après, on chargea ces caisses sur la voiture qui les avait amenées la veille, et elles furent conduites aux Tuileries.

Prosper Barbier vint chez le Sr. Devanteaux pour lui dire que son maître désirait lui parler.

« Je ne veux pas y aller, lui répondit le Sr. De-

» vanteaux ; vas dire à ton maître, que s'il ne veut » pas être fusillé, il rapporte lui-même tous les » diamans, les bijoux et l'argent, que l'on dit » qu'il a pris à la Princesse Catherine ! »

Par suite de cette menace, la caisse qui devait contenir les diamans de Jérôme, fut apportée chez le Sr. Devanteaux par un homme de peine, qui la trouva très-légère, et qui la déposa dans la loge du portier de l'hôtel.

Vers onze heures trois quarts, Prosper revint. MM. de Geslin et de Sémallé lui dirent, que s'il ne rapportait l'autre caisse renfermant quatre sacs d'or, les Russes feraient fusiller son maître.

A une heure de la nuit, [celle du 23 au 24], Maubreuil se présenta enfin avec son domestique. Celui-ci portait des sacs qui paraissaient remplis d'argent; il les pose sur le billard. Le Comte de Sémallé s'approche pour toucher l'un de ces sacs ; mais le domestique, par un mouvement qui paraît machinal, porte la main sur le sac, ensorte que M. de Sémallé ne peut le toucher.

Maubreuil dit en entrant : « Eh bien ! la voilà » cette S..... caisse, que me veut-on ? Est-ce qu'on » veut me chercher de la vermine à la tête ! »

Après quelques autres propos, MM. Devanteaux, Gaudin, Maubreuil et son domestique, montent en voiture et se rendent chez M. de Vitrolles.

Il était une heure et demie du matin ; M. de Vitrolles les reçoit ; Maubreuil lui remet les quatre sacs ainsi que les débris de la caisse.

Est-ce là tout? demande M. de Vitrolles ; « ma foi, répond Maubreuil, cette caisse s'est défoncée dans la route ; il y avait un paysan assis » dessus : je n'ai retrouvé que cela ; je ne sais pas » s'il y en avait davantage. »

Dans la soirée du 24 avril, Maubreuil et Dasies revirent M. de Geslin ; le premier lui dit : « Eh » bien ils sont contents, ils ont tout maintenant ; » cependant ils me demandent encore un sac ; je » ne sais pas ce qu'il est devenu. Il ajoute qu'il y » avait un pekin dans la voiture, qu'il avait eu » peur et s'en était allé. » Dasies prend la parole et dit : « Bah ! ces sacs ont l'air de ne contenir que » des pièces de 20 sols et de 10 sols ! » ce qui fit dire a M. de Geslin : « Je ne suis ni Roi, ni Reine, » et je n'ai jamais emporté de ces sortes de pièces » en voyage. »

Vous remarquerez, Messieurs, que ce propos prophétique, fut tenu avant l'ouverture des sacs qui n'eut lieu que quelques jours après ; on n'y trouva effectivement que des pièces de 20 sols et de 10 sols.

Le lendemain 25 avril, Maubreuil et Dasies

reçurent l'invitation de se rendre à huit heures du soir, à la secrétairerie d'état ; ils y furent arrêtés.

A onze heures et demie, un Commissaire de police appelé au Palais des Tuileries, apposa les scellés sur les caisses et sur les sacs d'argent qui y avaient été déposés. Il transporta ensuite le tout à la Préfecture de police, où il le plaça dans une pièce, dont il garda la clef.

Un moment après son arrestation, Maubreuil fit porter à son domestique Prosper la lettre suivante : « Dis à ta femme de faire ensabler le dernier vin qu'elle a reçu ; s'il venait à tourner, ce » serait un grand malheur. Dis à Henri de bien » travailler..... Je compte bien sur ta femme, dis » le lui. Si ce vin aigrissait, ce serait un malheur » irréparable ; qu'elle en ait bien soin ; qu'elle n'en » fasse boire à personne..... Donne un bout de » reçu afin que je sache si tu as ma lettre. »

Cette lettre mystérieuse donna lieu à des recherches. On arrêta Prosper le lendemain 26 ; on l'interrogea : il déclara qu'il n'était pas marié ; qu'il n'avait aucune connaissance du vin en question.

On fit des visites et des fouilles dans les divers domiciles de Maubreuil ; ces perquisitions furent infructueuses. On apposa les scellés sur les portes de ses divers appartemens.

Le même jour, le Commissaire de police vint à

la Préfecture ; là, en présence de Maubreuil, de Dasies, de la Dame Mallet de la Rochette, attachée à la Princesse Catherine, du Sr. Devanteaux et de deux bijoutiers, il fit la levée des scellés apposés la veille sur les caisses et les sacs. On trouva dans les quatre sacs, au lieu de la somme de 84,000 francs en or, celle de 2000 francs en pièces d'un franc et d'un demi-franc. On fit la description de plusieurs bijoux trouvés dans les caisses, la plûpart sous doubles fonds ; le tout fut remis sous le scellé et déposé chez le caissier de la Préfecture de police.

En définitif, il a été reconnu qu'il existait un énorme déficit en diamans et en bijoux dans les différentes caisses ; cela résulte d'un procès-verbal coté n°. 50, dressé sur la déclaration et les renseignemens de la Dame Mallet de la Rochette et du Baron de Marinville, grand-maître de la garde-robe de Jérôme.

L'Ambassadeur de S. M. le Roi de Wurtemberg évalue ce même déficit à deux millions de francs environ.

Le 4 mai, le Commissaire de police Reveau, rue Neuve du Luxembourg, n°. 25, fit perquisition en présence de Prosper dans les chambres que celui-ci avait louées sous son nom. Il y trouva plusieurs effets, particulièrement entre le lit de plume et le matelas, une boucle d'oreille en or, montée de trois émeraudes, une autre partie de la même boucle d'oreille avec émeraude et un rubis sans monture. On trouva de plus un petit papier cacheté, portant pour suscription le n°. 14, et dans l'intérieur, ces mots, « état n°. 21, n°. 14, p^{re}. de 6 $\frac{1}{2}$. G. » Il y avait un brillant enveloppé dans ce papier.

M. de Marinville reconnut ce brillant et déclara que les mots écrits sur le papier qui lui servait d'enveloppe, étaient de sa main; que ce brillant appartenait à Jérôme et faisait partie de 190 brillants enveloppés chacun dans un semblable morceau de papier, qui avaient été placés dans l'écrin, et emportés par la Princesse, lors de son départ de Paris.

De son côté, Madame Mallet de la Rochette reconnut la boucle d'oreille en or montée de trois émeraudes, le fragment de la même boucle garnie d'une émeraude, et l'émeraude non montée pour faire partie d'une parure de la Princesse et avoir été placés dans les caisses.

Le 10 mai, le Commissaire de police procéda en présence de Prosper et dans le même appartement, à une nouvelle perquisition dont le résultat fut la découverte, 1°. d'un petit paquet de coton fin, 2°. d'un coussin en carton couvert de velours blanc paraissant destiné à couvrir l'une des boëtes de diamans ou à y servir de compartiment et 3e. d'un petit fragment d'or, en forme de vis.

Un jouaillier qui avait travaillé pour la Princesse Catherine à Cassel et à Meudon, et à qui on les représenta, déclara que le coussin et le fragment d'or lui paraissaient dépendre de l'écrin de la Reine; que le coussin devait former un compartiment et le fragment d'or faire partie d'une ceinture.

Le Commissaire fit alors l'ouverture des différentes caisses; il remarqua dans quelques unes, des coussins servant à compartiment et formés d'un carton couvert de velours blanc pareil à celui du coussin trouvé rue Neuve du Luxembourg.

Il semble, Messieurs, que dans cette cause, tout devait être extraordinaire, même la manière dont on découvrirait une partie des diamans et des bijoux enlevés à la Princesse.

Le dimanche 3 juillet, un nommé Hénet s'amusait à pêcher dans la Seine; ayant retiré sa ligne, il sentit que quelque chose était accroché à l'hameçon; c'était un peigne tout souillé de boue; un militaire qui regardait, dit: « Voilà une singulière » pêche! » Il offrit trois francs du peigne. Hénet refusa de le céder à ce prix : il l'aurait donné pour six francs.

Dans l'après-diner, le peigne fut présenté à un

bijoutier, qui déclara qu'il n'avait point été fait pour 5000 fr., et qu'il le prendrait bien pour 3000.

Le lendemain Hénet retourna sur la rive de la Seine. Cette fois, sa ligne amena deux peignes d'or garnis de perles et de diamans, et un brasselet aussi d'or enrichi d'une pierre précieuse.

Ces particularités vinrent à la connaissance d'un Inspecteur général de police ; il apprit aussi que depuis lors, la femme Hénet avait payé toutes ses dettes, et qu'on l'appelait dans son quartier l'héritière de la couronne.

Le 30 juillet, un Commissaire de police fit une visite domiciliaire chez Hénet ; il y saisit trois peignes, ainsi qu'une somme de 880 francs, provenant de la vente des diamans que l'on avait détachés de l'un de ces bijoux.

On les représenta à Madame Mallet de la Rochette ; elle ne put reconnaître celui qui avait été dégarni ; mais elle affirma que les deux autres avaient fait partie de l'écrin de la Princesse, et des objets enlevés à Fossard.

Les 2 et 3 août, la police mit en œuvre sept plongeurs qui retirèrent du fond de la Seine quantité de bijoux garnis de perles et de diamans.

Quelques jours après, on établit un batardeau au même endroit ; on mit à sec tout l'espace qu'il renfermait, on en passa les terres au tamis; et quelques brillants, des turquoises, des perles, des morceaux d'or et un collier furent encore recouvrés.

Le tout fut aussi reconnu pour provenir de de l'écrin de la Princesse.

Voilà, Messieurs, les principaux faits de cette cause; nous les avons dégagés d'une foule de circonstances étrangères à Maubreuil, et qui ne concernaient que les nommés Dasies, Colleville, Prosper Barbier, Fraiteur, Muller et Henet, dont la mise en liberté a été ordonnée; nous avons ensuite énoncé ces faits sans développemens, sans commentaires, sans réflexions.

Que Maubreuil les discute à son tour! qu'il adopte pour sa défense un système tout différent de celui qu'il a suivi jusqu'à ce jour; qu'il ne rejette plus à l'écart, qu'il ne laisse plus sans réponse et sans réfutation, les charges et les preuves qui s'élèvent contre lui, pour nous entretenir de fables et de romans, qui n'ont avec son affaire ni liaison, ni rapport; qu'il ne se borne plus surtout à soutenir, comme il le fait dans son manuscrit, qu'il serait indigne d'un homme comme lui, issu d'une famille illustre, de se disculper d'une imputation de vol; que 84000 fr. et des caisses de diamans ne sont rien, eu égard à ses espérances de fortune et à son ambition ; qu'il ne répète plus enfin, que si Prosper, son valet-de-chambre, avait voulu prendre pour lui les 84000 fr., il l'aurait laissé faire et ne lui en aurait dit mot.

Nous répondrions à d'aussi ridicules jactances, que l'homme dont la naissance et la famille sont illustres, n'est pas plus exempt que celui dont l'origine est obscure, de donner à la justice les explications qu'elle lui demande ;

Que cet homme est même, quand il vient à être convaincu et condamné, bien plus méprisable qu'un autre, pour avoir dévié du sentier d'honneur et de vertu que ses ancêtres lui avaient tracé.

Nous lui ferions observer que huit caisses de diamans et 84,000 fr. en or, ne seront jamais considérés comme une bagatelle, par des Magistrats obligés de réprimer, par des arrêts de condamnation, des vols de comestibles ou de quelques chétives pièces de monnaie, que souvent la misère et la faim ont seules occasionnés.

Quant à ses espérances de fortune, nous ferions remarquer, que lors de l'expédition de Fossard, elles étaient complettement déçues ; que de son propre aveu l'annullation du traité pour l'approvisionnement de Barcelonne, avait eu pour effet de lui laisser plus de dettes que de biens, et qu'à cette époque, ses créanciers le poursuivaient pour une somme de 300,000 francs.

Que Maubreuil aborde donc franchement les charges, et qu'il nous explique :

1o. Comment il a pu se faire que cette vache, que l'on descendit de la calèche à Chailly et que l'on jugea vide tant elle était légère, se soit trouvée le lendemain fort pesante, lorsqu'on la rechargea, et même remplie d'objets fragiles, lorsqu'à Versailles on la descendit de nouveau de la voiture ;

2o. Quel pressant motif put le porter à quitter à Villejuif la patache chargée de caisses d'une immense valeur présumée, et à s'écarter de la route directe de Paris pour aller à Versailles se renfermer dans la chambre la plus obscure qu'il put trouver ;

Pourquoi dans cette auberge, Dasies et lui avaient un air si décomposé, que plusieurs personnes de la connaissance de l'aubergiste, qui se trouvaient chez elle, ne craignirent pas de lui dire, qu'elles parieraient que ces Messieurs étaient des voleurs déguisés ;

3o. Quelle nécessité l'obligea à faire crocheter le nécessaire de Jérôme, et à se renfermer à double tour, pendant trois heures et demie, dans la chambre où il était ouvert, donnant pour prétexte, ou qu'il faisait sa correspondance, ou qu'il passait sa chemise ;

4°. Par quels moyens il se procura, dans cette auberge de Versailles, des objets si délicats et si précieux, qu'il dut faire acheter de la oüate pour les envelopper et deux boëtes d'acajou pour les renfermer ;

5°. Quelle raison il eut de chercher à dérouter ceux qui auraient été tentés d'épier ses démarches, en descendant à l'hôtel Virginie, où il avait fait retenir un logement le soir même, tandis qu'il avait déjà trois appartemens à sa disposition dans Paris ;

6°. Quelle inquiétude lui causaient cette vache et ces boëtes d'acajou subitement remplies, sans qu'il explique comment, pour qu'à peine arrivé d'une heure à l'hôtel Virginie, il s'empressât de les transporter à minuit rue neuve du Luxembourg, dans un appartement loué sous un autre nom que le sien ;

7°. Quelle nouvelle alarme l'avait saisi, lorsque le lendemain à cinq heures du matin, il retira de ce même hôtel une grande quantité d'objets enveloppés dans des mouchoirs et des serviettes ;

8°. Quelle opération il fit durant sa mystérieuse retraite au bois de Vincennes ;

9°. Pourquoi il attendit, pour faire apporter le nécessaire de Jérôme à dix heures du soir, et les sacs d'argent à une heure de la nuit, qu'on lui eût annoncé à différentes reprises qu'il serait fusillé, s'il ne le faisait pas ;

10°. Quel don de prophétie illumina Dasies, son compagnon, lorsqu'il dit à M. de Geslin, que les sacs avaient l'air de ne contenir que des pièces de vingt sols et de dix sols, conjecture dont la vérification justifia bientôt le fondement ;

11°. Comment il put se faire qu'on retrouvât dans l'appartement rue Neuve du Luxembourg, où la vache et les boëtes d'acajou avaient été déposées, des bijoux, des boucles d'oreilles, un compartiment d'écrin et des brillants, que le grand-maître de la garde-robe de Jérôme reconnut d'autant mieux que l'un de ces brillants était inséré dans un papier écrit de sa main ;

12°. Qu'il explique la singulière connexité qu'il y a entre la circonstance que partie des diamans volés à Fossard ont été retrouvés dans la Seine, et la circonstance qu'il existe au procès :

Une première lettre, par laquelle Maubreuil écrit à son domestique qui n'est pas marié, de dire à sa femme, d'*ensabler* du vin, que lui Maubreuil n'a jamais eu ;

Une seconde lettre, cotée n°. 55, dans laquelle Maubreuil mande à Dasies « *que les indemnités* » *sont sur les brouillards de la Seine ;* »

Une troisième enfin, cotée n°. 60 où il dit : » *n'oubliez pas la bijouterie....... Il faut couler* » *à fond la chose ;* »

13°. Qu'il explique enfin, par quelle fatalité, s'il est innocent, les soustractions furent consommées :

D'abord, sans effraction aucune, dans des caisses dont il eut les clefs à sa disposition depuis la saisie opérée à Fossard ;

En deuxième lieu, dans le nécessaire de Jérôme, qu'il se permit de faire crocheter et de tenir ouvert pendant plus de trois heures ;

Troisièmement enfin, dans les sacs de pièces d'or, qu'il eut seul en sa possession, et qu'il ne quitta point depuis Chailly, jusqu'au dépôt qu'il en fit lui-même aux Tuileries.

Si Maubreuil parvenait à nous donner des explications satisfaisantes sur ces treize charges, dont trois pourraient suffire pour opérer une intime conviction, stupéfaits alors d'une justification que nous regarderions comme miraculeuse, nous nous abstiendrions de déclarer, que la prévention qui l'accable, est aussi manifeste que la jour qui nous éclaire.

PROCÉDURES.

Nous allons maintenant vous rendre compte Messieurs, des involutions que la procédure a éprouvées.

Le 3 décembre 1814, la chambre du conseil du Tribunal de première instance de la Seine renvoya Maubreuil et ses co-prévenus devant l'autorité compétente et militaire.

Le 28 mars 1815, le premier conseil de guerre permanent de la première division militaire considérant 1°. qu'aucun de ces prévenus n'était militaire, ni attaché à l'armée ou à sa suite ; 2°. qu'ils n'étaient point accusés de l'un des délits dont la connaissance est attribuée aux conseils de guerre, se déclara incompétent.

Il résulta de ce jugement un conflit négatif, sur lequel la Cour de cassation statuant par réglement de juges, déclara nulle et comme non avenue l'ordonnance du 3 décembre 1814, et ordonna que les prévenus seraient de nouveau traduits devant un des juges d'instruction du Tribunal de la Seine, pour y être ensuite procédé conformément à la loi.

Par ordonnance du 28 juin 1815, la chambre du conseil de ce Tribunal décrèta de prise de corps Maubreuil comme suffisamment prévenu d'un vol commis de complicité sur un chemin public.

Le 16 janvier suivant, la Cour Royale de Paris, chambre des mises en accusation, annulla cette ordonnance de prise de corps, et considérant le fait comme une violation de dépôt qui ne constituait qu'un simple délit, renvoya Maubreuil devant le Tribunal correctionnel de la Seine.

En conséquence de ce renvoi, le Tribunal correctionnel prit connaissance de l'affaire, entendit le résumé de l'instruction, la plaidoyerie de Me. Couture, avocat du prévenu, et les répliques tant du substitut du Procureur du Roi que dudit Avocat.

Maubreuil prit ensuite, par l'organe de son avoué, des conclusions motivées, et le Tribunal, après avoir délibéré, rendit le 22 avril le jugement qui suit :

« Attendu que les arrêts de renvoi des chambres » d'accusation ne sont qu'indicatifs et non attributifs de compétence ;

« Qu'il résulte de l'examen de l'instruction qui a » eu lieu dans l'affaire du Sr. de Maubreuil, que » si les faits ne paraissent pas, ainsi que l'a jugé la » chambre d'accusation de la Cour Royale de » Paris, constituer un vol sur un chemin public, » ces mêmes faits constitueraient du moins une » soustraction faite par un agent du Gouverne-

» ment, d'effets dont il n'était en possession qu'en
» cette qualité, dont il était dépositaire et comptable
» public ;

« Que suivant les dispositions combinées des
» articles 169 et 173 du code pénal, ces faits
» ainsi caractérisés donneraient lieu, s'ils étaient
» prouvés, à l'application de peines afflictives et
» infamantes, que ne peut prononcer un Tribunal
» correctionnel ;

« Le Tribunal se déclare incompétent pour
» connaître des faits imputés à de Maubreuil. »

L'appel de ce jugement fut successivement déféré aux Cours Royales de Paris et de Rouen ; mais les arrêts de ces Cours, tous deux infirmatifs, furent cassés.

Enfin par arrêt rendu le 26 août 1817, par toutes les sections de la Cour de cassation réunies sous la présidence de Sa Grandeur Monseigneur le Garde-des-sceaux, la cause et les parties furent renvoyées sur le fond devant la Cour Royale de Douai, pour y être procédé à nouveau jugement de l'appel interjeté par de Maubreuil, du jugement d'incompétence du 22 avril dernier.

Vous voyez, Messieurs, que les arrêts de Paris et de Rouen qui ont été cassés, doivent être considérés par vous comme non avenus ;

Et qu'en dernier résultat vous êtes investis de la connaissance du fond de cette affaire, pour statuer sur l'appel interjeté du jugement d'incompétence du 22 avril 1817.

Or, ce jugement, sur le mérite duquel vous avez à prononcer, renferme, comme vous l'avez vu, deux dispositions remarquables :

Une générale, portant que les arrêts de renvoi des chambres d'accusation ne sont qu'indicatifs, et non attributifs de compétence ;

Une spéciale à la cause, portant que le fait imputé au prévenu est un crime et non pas un délit.

Examinons d'abord, si la première de ces dispositions est fondée; c'est-à-dire, si l'arrêt d'une chambre d'accusation qui renvoie un procès et le prévenu en police correctionnelle est définitif, irrévocable, s'il a l'autorité de la chose jugée, quant à la qualification du fait, et par conséquent à la compétence.

Avant de décider, si un pareil arrêt peut influer à ce point sur le jugement correctionnel à intervenir, il ne sera point inutile d'embrasser d'un coup d'œil toute la procédure criminelle et correctionnelle, et de rechercher, par quels préliminaires on arrive, et à un arrêt de chambre d'accusation et à un jugement de police correctionnelle.

On distingue dans les matières criminelles et correctionnelles deux espèces de procédures :

L'une à huis-clos :
L'autre publique.

Les ordonnances de chambres de conseil des Tribunaux de 1re. instance et les arrêts de chambres d'accusation sont de la première espèce.

Les jugemens des Tribunaux correctionnels et les arrêts des Cours d'Assises ou Prévôtales sont de la seconde.

En chambre de conseil et en chambre d'accusation, le public n'est point admis. Les témoins ne sont ni appelés ni entendus ; ils ne prêtent par conséquent pas de serment ; ils ne peuvent ni s'expliquer sur interpellations, ni rectifier les erreurs possibles de leur première déclaration, ni même se rétracter ; le prévenu lui-même ne comparaît pas, non plus que son défenseur. La décision est portée hors la présence du ministère public.

Assurément une telle procédure est loin d'être complette; et le législateur lui-même l'a senti :

Aussi quand il trace aux chambres de conseil et d'accusation les termes dont elles devront se servir pour émettre leurs décisions, il se garde bien d'employer des expressions tellement affirmatives, qu'on puisse les considérer comme irrévocables,

» Si les juges sont d'avis etc..... dit-il article 128.
» S'ils sont d'avis etc.... art. 129.
» Si l'un d'eux estime etc.... art. 133.
» Si la Cour n'aperçoit etc.... art. 229.
» Si la Cour estime etc.... art. 230.

Le législateur va plus loin; il permet que l'on prononce, dans l'une et l'autre chambre, sur des indices, des présomptions, des traces. Les preuves n'y sont point requises.

Or, comment la loi et la raison, qui ne sont qu'une, pourraient-elles attacher une autorité irrévocable à ces décisions qui manquent de la garantie principale qu'offre la publicité, qui sont la suite d'une procédure imparfaite, qui n'émettent que de simples avis, que de simples aperçus sur des apparences bien plus que sur des réalités.

Pour attribuer à ce résultat d'un examen à huis-clos une telle prépondérance, que la conscience et l'indépendance des magistrats qui doivent connaître ensuite de l'affaire, pussent en être liées, il faudrait que l'instruction à laquelle ces nouveaux magistrats doivent procéder, fût aussi destituée de garantie et de moyens de découvrir le fond de la vérité, que l'était celle des premiers juges des chambres de conseil ou d'accusation.

Or, l'instruction en police correctionnelle ne présente-t-elle pas une garantie infiniment plus rassurante pour les intérêts du prévenu et pour ceux de la société qui l'accuse !

Le public assiste à l'audience; le prévenu y est amené, interrogé; des débats s'ouvrent entre lui et les témoins; les pièces de conviction sont représentées; le Ministère public parle; un défenseur peut lui répondre.

Tous les moyens de découvrir la vérité, que la raison, l'équité et la justice peuvent suggérer, sont tour-à-tour mis en usage.

On peut même affirmer qu'un jugement de police correctionnelle ne le cède en rien sous le rapport de la solennité et des formes, aux arrêts les plus foudroyans des Cours d'Assises ou Prévôtales.

Eh ! s'il en est ainsi, Messieurs, comment des Juges de procédures à huis-clos pourraient-ils dicter d'irrévocables lois aux Juges des procédures publiques ?

Ils leur diraient donc : « Nous n'avons de cette » affaire, que nous vous renvoyons, qu'une con» naissance superficielle ; nous ne l'avons vue qu'à » travers un nuage ; vous allez dissiper ce nuage ; » vous allez examiner la chose à fond ; vous en » avez tous les moyens ; mais gardez-vous d'y » voir plus que nous n'y avons vu ; d'y distinguer » autre chose que ce que nous y avons aperçu;

» vous êtes nos subordonnés; vous devez sacrifier
» à notre opinion, aux indices, aux présomptions
» que nous avons recueillis, toutes les preuves qui
» pourraient se manifester ultérieurement à vos
» yeux; faites abnégation de vous-mêmes, quant à
» l'appréciation du fait et à la compétence, qui
» de leur nature, sont pourtant inséparables. »

Voilà, Messieurs, la question réduite à ses plus simples expressions !

Admettrez-vous jamais un système aussi subversif de la raison, et aussi outrageant pour des Magistrats justement jaloux de ne se décider que d'après leurs propres lumières, et de n'écouter d'autre voix que celle de leur conscience ?

Il n'est qu'un cas, Messieurs, où un arrêt de renvoi puisse décider la compétence : c'est quand ce renvoi est fait par le Tribunal supérieur à des Juges de son ressort, sur une matière de sa compétence parce qu'alors, tous les objets de son jugement sont dans sa dépendance; par exemple, une chambre civile de la Cour Royale qui renvoye devant une chambre civile en première instance ou devant un Tribunal de commerce, une Cour chambre correctionnelle, qui renvoye devant un Tribunal correctionnel ou de simple police, sont tous dans ce dernier cas; mais la chambre d'accusation n'a, par elle-même, aucune compétence correctionnelle ou de simple police ; sous ce rapport, les Tribunaux correctionnels et de simple police ne lui sont pas subordonnés; elle ne peut ni réformer leurs jugemens, ni même en connaître; comment donc pourrait-elle leur rien prescrire et régler définitivement et sans retour, la question de leur compétence !

Il n'y a d'ailleurs de chose jugée que par les jugemens définitifs, qui terminent une affaire, et qui absolvent ou condamnent. Dans l'espèce, la chambre d'accusation de Paris n'a ni terminé l'affaire, ni absous, ni condamné; elle a seulement renvoyé à d'autres Juges; son arrêt n'est donc point définitif; il n'est que préparatoire; il n'est qu'un acte d'instruction.

Cette opinion, Messieurs, est celle de deux auteurs justement estimés.

» L'arrêt d'une chambre d'accusation, dit M.
» Carnot, dans son commentaire (art. 229,
» §. XVII, page 667), motivé sur le défaut
» d'indices suffisans, n'est qu'un simple jugement
» préparatoire et d'instruction ; il n'emporte
» qu'une décision provisoire. »

» Les arrêts de la chambre d'accusation, dit
» M. Legraverend, dans son célèbre traité de
» la législation criminelle, page 383, violent les
» règles de la compétence, lorsque, qualifiant mal

» les faits de la prévention, ils en saisissent une
» juridiction à laquelle les faits ne sont pas attri-
» bués par la loi, etc. »

En ce sens donc, les arrêts de renvoi ne sont que préparatoires ; ces arrêts ont reçu leur exécution et consommé l'effet que la loi leur attribue, toutes les fois que les Tribunaux auxquels les chambres d'accusation ont renvoyé, se sont saisis de l'affaire, et ont examiné les faits imputés au prévenu, avant de décider d'après la qualification qui leur appartient selon la loi, si ces faits rentrent ou non dans leurs attributions.

Or, c'est un devoir, Messieurs, que le Tribunal correctionnel de la Seine a rempli, avant de se déclarer incompétent.

Si, méconnaissant ces principes, il avait considéré l'arrêt de renvoi comme non réparable en définitif, s'il s'était cru irrévocablement lié et contraint à prononcer sur le fond, même lorsqu'il y apercevait, [soit qu'il ait eu raison ou qu'il se soit trompé] non pas un délit, mais un crime, il en serait résulté un bouleversement des règles fixées par la loi.

De deux choses, l'une :

Ou il aurait appliqué une peine correctionnelle ; et alors il aurait violé la loi pénale, en prononçant contre l'auteur présumé d'un crime, une peine infiniment moins grave que celle prescrite pour ce cas.

Ou il aurait infligé une peine afflictive et infamante ; et alors il serait évidemment sorti du cercle d'attributions que la loi lui a tracé.

Dans l'une et l'autre hypothèses, le jugement n'aurait pu échapper à la cassation, soit sous le rapport de l'incompétence, soit sous celui de la violation de la loi pénale.

Or, les principes et la prudence ne commandent-ils pas à un Tribunal de s'abstenir de prononcer sur le fond d'une affaire, lorsque d'après l'aspect sous lequel il l'envisage, il prévoit que son jugement ne pourra éviter la cassation !

Mais, objecte-t-on, l'art. 246 du code d'instruction ne permet pas, que le prévenu, à l'égard duquel la Cour a décidé qu'il n'y a pas lieu au renvoi à la Cour d'assises ou à la Cour prévôtale, y soit traduit de nouveau à raison du même fait, à moins qu'il ne survienne de nouvelles charges.

Nous ferons observer que cet article 246 est inapplicable à l'espèce ; il ne concerne que les individus que la chambre d'accusation regarde comme prévenus de crime, puisqu'elle examine si elle doit les renvoyer ou à la Cour d'assises ou à la Cour prévôtale.

Or, ce n'est point là notre thèse ; la chambre d'accusation de Paris ne voyant dans Maubreuil qu'un prévenu de délit, n'a point décidé à son égard, s'il serait ou s'il ne serait pas renvoyé devant une Cour d'assises ou une Cour prévôtale : elle a seulement statué que la prévention du délit qui lui était imputé, était assez grave, pour qu'un Tribunal correctionnel fût chargé de le juger.

Cet article 246 est correlatif aux articles 221 et 231 du même code.

» Art. 221. Les juges examineront s'il existe » contre le prévenu des preuves ou des indices d'un » fait qualifié crime par la loi, etc....

» Art. 231. Si le fait est qualifié crime par la loi, « et que la Cour trouve des charges suffisantes pour » motiver la mise en accusation, elle ordonnera le » renvoi du prévenu soit aux assises, soit à la Cour » spéciale etc.....

» Art. 246. Le prévenu, à l'égard duquel la » Cour aura décidé qu'il n'y a pas lieu au renvoi » à l'une de ces Cours, ne pourra plus y être » traduit, etc....

On voit du rapprochement et de la combinaison de ces articles, qu'ils ne s'entendent que du seul cas, où la chambre d'accusation a vu, dans la prévention qui lui était soumise, un fait, qui serait passible de peines afflictives ou infamantes, que du seul cas où cette chambre a examiné et décidé, si les indices et les charges du crime étaient suffisants pour motiver des poursuites criminelles contre le prévenu.

Il peut arriver en cette occurrence, que la chambre d'accusation trouve les indices de ce crime insuffisants, et qu'elle ordonne alors la mise en liberté pure et simple du prévenu.

Or, l'on conçoit, qu'une telle décision n'intéresse en aucune manière l'ordre des jurisdictions; qu'elle ne peut contrarier la conscience, ni blesser l'indépendance d'autres juges, puisque personne ne doit plus s'occuper de l'affaire; l'on conçoit que cet arrêt pur et simple de mise en liberté est un bénéfice personnel et exclusif pour le prévenu, et que sous ce rapport le législateur a pu statuer qu'il en jouirait irrévocablement, à moins qu'il ne survienne de nouvelles charges.

Mais Maubreuil a-t-il jamais été dans une semblable position? La chambre d'accusation a-t-elle jamais ordonné sa mise en liberté pure et simple? Non; puisque cette chambre, voyant dans le fait qui lui était soumis, non un crime, mais un délit, l'a renvoyé en état d'arrestation provisoire devant le Tribunal correctionnel; dès-lors, les articles 221, 231 et 246 ne peuvent recevoir d'application, et l'on rentre dans les dispositions de l'art. 230.

Ce n'est même qu'accidentellement, Messieurs, que les chambres d'accusation s'occupent de délits, elles n'ont été créées, comme leur institution l'annonce, que pour régulariser l'accusation criminelle; c'est là, l'objet direct et le vrai type de leur institution. Lorsque les chambres de conseil leur adressent des procédures relatives à de simples délits, c'est par erreur, puisqu'elles pouvaient les transmettre immédiatement aux Tribunaux correctionnels; et quand les chambres d'accusation, rectifiant ces erreurs, renvoyent à des Tribunaux correctionnels, elles font seulement ce que les premiers juges auraient dû faire; elles agissent aux lieu et place des chambres de conseil; et leurs arrêts alors ne peuvent avoir plus d'effet, que les jugemens de compétence de ces chambres de conseil qui, jamais, n'ont empêché l'examen ultérieur du juge compétent de la matière.

Nous pourrions donner à ces observations un développement beaucoup plus étendu; mais ce serait affaiblir et décolorer par une fastidieuse répétition, ces pensées si fortes, ces motifs si profonds qui font justement admirer les pourvois des parquets des Cours de Paris et de Rouen et les arrêts de la Cour de cassation.

Cette unanimité, Messieurs, sur un point de doctrine, de trois parquets de Cours Royales et de toutes les sections de la Cour suprême, réunies sous la présidence du chef de la justice de France, vous touchera.

Nous déposons sur le bureau ces pourvois et ces arrêts.

Nous avons lieu de penser, qu'après les avoir lus et médités, vous ne vous laisserez point éblouir par la pensée, qu'il y aurait une sorte de courage et de noble indépendance à refuser de prendre pour guide la jurisprudence de la Cour de cassation.

Vous la respecterez, Messieurs, parce que vous la trouverez d'accord avec la loi et les principes.

Quant à l'éloignement, que des hommes moins sages pourraient avoir, de consacrer un principe qui doit restreindre leurs propres droits, pour étendre ceux de juges inférieurs, ces petitesses de l'amour propre et de la vanité sont trop au-dessous des Magistrats, pour qu'elles puissent jamais nous inspirer d'inquiétudes.

Nous estimons donc, que l'arrêt de la chambre d'accusation de Paris a été, dans l'affaire de Maubreuil, seulement indicatif et non attributif de juridiction, et qu'en conséquence, le Tribunal correctionnel a pu examiner si le fait qui lui avait été renvoyé, était un crime ou un délit.

C'est du bon ou mauvais emploi qu'il a fait de cette faculté d'examiner, qu'il nous reste à nous occuper maintenant.

FIXATION DU MANDAT.

Le fait imputé au prévenu a été diversement apprécié,

Par la chambre de conseil du Tribunal de la Seine, qui l'a considéré comme un vol sur un chemin public, crime prévu par l'article 383 du code pénal;

Par la chambre d'accusation de la Cour Royale, qui l'a considéré comme un abus de confiance, délit prévu par l'article 408 du même code;

Par le Tribunal correctionnel de la Seine, qui l'a considéré comme une soustraction commise par un agent du Gouvernement, crime prévu par les articles 169 et 173 du code;

Enfin, par le prévenu lui-même, qui a allégué qu'une mission illimitée ayant été confiée à sa foi, il ne pouvait en être comptable, qu'envers ses mandants.

Ses conseils ont ajouté dans les mémoires imprimés, que ce serait ou une ineptie, ou une calamité, que de faire connaître le véritable objet de cette mission; ils ont prétendu que pour ne pas le dévoiler, Maubreuil avait tout enduré; que pendant les cent jours on avait employé contre lui toute espèce de moyens, de séductions, de menaces, de promesses, pour obtenir des révélations;

mais que son sang s'était révolté, et que constamment il s'y était refusé.

Cependant, les conseils reconnaissent, qu'il est impossible de juger la cause au fond, sans déterminer préalablement, quelle était réellement la mission de Maubreuil, et sans en fixer les limites.

Or, pour éviter le danger de semblables explications sur le mandat du prévenu, ils proposent un moyen : ce serait, selon eux, de le mettre en liberté, alors, disent-ils, l'abyme qui est ouvert et dans lequel on se précipitera, si l'on creuse l'affaire à fond, sera fermé pour toujours.

Assurément, Messieurs, voilà des réflexions alarmantes, surtout pour le ministère public, qui, en traitant le fond, ouvrirait d'après l'opinion des défenseurs, un abyme dans lequel il devrait, nouveau Curtius, se précipiter le premier!

Mais avant de prendre ainsi l'épouvante, jettons les yeux sur ce gouffre, qui n'est peut-être ni aussi profond, ni aussi dangereux qu'on se plaît à le représenter.

Examinons ce que la discussion du fond ferait connaître, et voyons, si le remède de la mise en liberté de prévenu, que l'on propose, ne serait pas cent fois pire que le mal, et mille fois plus scandaleux que tout ce que l'on pourrait dire.

Est-il bien vrai que la plaidoyerie du fond

dévoilerait des choses inouïes, des choses ignorées de tout le monde?

Est-il bien vrai, que pour les ensevelir dans le secret, Maubreuil ait résisté à tout, et qu'il ait tout souffert durant *quatre ans?*

Nous ouvrons cette volumineuse procédure, et nous trouvons que le 20 août 1814, [*quatre mois* après son arrestation,] Maubreuil a soutenu, dans un interrogatoire que M. le Juge d'instruction de la Seine lui fit subir, que sa mission avait consisté :

1°. A se défaire de Buonaparte et de ses frères, et à enlever son fils;

2°. A s'emparer des bagages, des diamans et des trésors qu'ils emportaient.

Et 3°. A faire de ces bagages, diamans et trésors tout ce qu'il aurait voulu.

Nous trouvons dans le dossier un volume dans lequel il rend, sous la date du 5 avril 1815, [15 jours après la rentrée de Buonaparte à Paris,] un compte minutieux de toutes les particularités de sa prétendue mission d'assassinat.

Si nous interrogeons la rumeur publique, elle nous répond, que depuis trois ans, Maubreuil ne cesse de répéter à qui veut l'entendre, qu'il a été chargé d'assassiner Buonaparte et ses frères.

Nous nous rappelons le contenu de ce manuscrit, signé de lui à chaque page, et que l'on a clandestinement colporté de maison en maison; il y est parlé sans cesse de prétendus régicides de 1814.

D'ailleurs, nous avons sous les yeux son libelle adressé aux journalistes, en date du 12 novembre dernier.

Pourquoi donc, en cet état de choses, louer Maubreuil d'une discrétion qu'il n'a point eue! Si son prétendu secret est celui de tout le monde, quel danger y aura-t-il de parler de choses dont chacun est imbu!

Se taire à cet égard, ne pas réfuter ces demi-révélations des conseils, ne pas combattre leurs réticences étudiées, plus pernicieuses peut-être que les accusations directes du prévenu, ne serait-ce pas, de la part du ministère public, passer condamnation sur la prétendue mission d'assassinat; chacun ne sortirait-il pas de ce sanctuaire, convaincu qu'elle aurait existé!

Ce serait une lâcheté de reculer ainsi devant un épouvantail, que l'on présente dans la seule vue d'empêcher la recherche et la découverte de la vérité.

Demandons-nous donc, afin de pouvoir ensuite admettre ou rejeter l'allégation de Maubreuil, s'il est bien vrai qu'il ait été chargé d'attenter à la vie de Buonaparte et à celle de ses frères?

Assurément, Messieurs, ce n'est pas là un fait si simple, si conforme à nos mœurs, à nos habitudes, à notre caractère national, que nous devions y ajouter foi, sans plus d'examen.

Nous n'imiterons pas ces nouvellistes indiscrets, qui, tremblant de n'être pas les premiers à annoncer un fait extraordinaire, ne se donnent jamais ni le soin, ni le loisir d'examiner s'il est vrai, ou s'il est faux.

Nous ne prendrons pas pour modèles, ces envieux toujours avides de recueillir et de répandre les rumeurs et les bruits qu'ils jugent désavantageux aux personnages, dont ils jalousent la fortune ou les honneurs.

Nous sommes Magistrats.

Nous rechercherons la vérité avec candeur, avec persévérance, avec une lenteur salutaire.

Examinons d'abord, quel est l'homme, qui affirme l'existence du projet d'attentat qu'il prétend avoir été chargé d'exécuter.

Voyons, si dans le cours de sa vie, il a donné assez de preuves de constance, de modération, de sagesse et de moralité, pour que nous puissions accorder quelque confiance à ses paroles.

Maubreuil a commencé sa carrière militaire en Westphalie ; il y fut comblé de grâces et de dignités par Jérôme et par la Princesse Catherine son épouse.

Pourquoi, en 1814, lorsque cette Princesse était dans la détresse et le malheur, Maubreuil, son ancien écuyer! fut-il celui qui vint l'arrêter, l'outrager et la dépouiller, tandis que d'après son propre dire, il était libre de poursuivre, au lieu d'elle, tout autre membre de la famille Buonaparte.

En Portugal, ses services lui valurent la décoration de la légion d'honneur: il s'en para avec orgueil!

Pourquoi, en 1814, profana-t-il dans tout Paris, cet honorable signe, qu'il eut l'indignité d'attacher à la queue de son cheval?

Lors de la première entrée des alliés dans la Capitale, il avait publiquement manifesté un entier dévouement à l'auguste famille des Bourbons.

Pourquoi donc, six semaines auparavant, offrait-il encore à l'usurpateur de lever, à ses frais et pour son service, deux escadrons de cavalerie?

Pourquoi, depuis trois ans, ne tient-il plus une conversation suivie, n'écrit-il plus une page, qu'il n'y glisse des sarcasmes et des injures contre ce que toute la France chérit et révère chaque jour davantage?

A-t-il été plus constant dans ses affections particulières? Dans sa disgrace et sa captivité, Maubreuil n'a conservé qu'un seul ami, le jeune M. D.... qui trouve faciles et doux les soins, les travaux, les courses et les voyages qu'il entreprend pour la défense et le salut de son ami.

Croyez-vous, Messieurs, que ce nouveau Pylade ait trouvé grâce devant Maubreuil? lisez la correspondance secrète adressée par ce dernier à Dasies. Vous y verrez, que de perverses intentions il suppose au jeune M D.... ; de quelles noirceurs, de quelles trahisons il le soupçonne! Dans son désespoir, il s'écrie : « Ne vous dissimulez pas que » toute espérance est perdue d'avenir! qu'oser » dire et quel systême de justification suivre! » le malheureux! etc. etc....

Désirez-vous savoir comment M. D...... à qui ces reproches revinrent, y répondit?

« Votre lettre, (écrit-il à Maubreuil,) prouve » que vous n'êtes pas changé, et que toujours ceux » qui vous ont connu, vous les forcez à devenir » vos ennemis. »

Voulez-vous vous faire une idée du désintéressement de Maubreuil? lisez les lettres nos. 67 et 68 de la correspondance saisie.

« Vous faites, dit-il dans la première, de la » morale comme un ange, etc.

« Si on arrivait à une indemnité de 500,000 fr., » je trouverais cette marche aussi bonne qu'une » autre.

« Le diable m'emportera mille fois plutôt que

» de vivre dans l'abjection et la bassesse. Or, dans
» cet heureux siècle, l'argent est tout; malheureux
» ceux qui n'en ont pas.

« Ce n'est donc pas, dit-il dans la lettre cotée
» 68, la prison qui m'inquiète; c'est l'avenir; pé-
» nétrez-vous en bien! J'y resterais trois ans, s'il le
» fallait, pour arriver à un heureux résultat. »

On trouve dans une autre lettre cotée 60, une preuve de son mépris pour la vérité; il écrit à Dasies, à qui l'on avait demandé des renseignemens sur l'origine d'une somme d'argent que l'on avait trouvée chez lui :

« Quant à votre défaite par rapport à l'argent,
» je ne la trouve pas bonne du tout; dites-donc
» comme moi, que M. Royer m'en a apporté de
» Nantes; c'est tout simple. »

Or, vous remarquerez, Messieurs, que ce M. Royer, notaire à Nantes, entendu en témoignage sur le dire de Maubreuil, déclara que ni cette année, ni l'année précédente, il n'avait envoyé à Maubreuil aucun argent, ses biens étant séquestrés depuis dix-huit mois.

Enfin, voici pour achever le tableau, ce que pense de Maubreuil, un homme qui doit d'autant mieux le connaître, qu'il a eu avec lui les relations les plus intimes : nous voulons parler de Dasies ; il s'exprime ainsi dans son interrogatoire, n°. 444, page 7.

« Si je voulais rapporter, dit-il, toutes les fables » et Romans que Maubreuil a débités et qui sont » fort étrangers à l'affaire des diamans, il faudrait » vingt-cinq rames de papier. »

D'après ces témoignages qui nous peignent le prévenu comme un homme inconstant, cupide, ingrat, soupçonneux, ennemi de la vérité, sa simple allégation peut-elle offrir la moindre garantie ?

Examinons néanmoins, si la prétendue mission d'assassinat, a de sa nature quelque vraisemblance. Il ne produit pas de mandat, d'ordre écrit d'assassiner. Selon lui, tout fut verbal!..... Cela est-il croyable? Aurait-il été assez imprudent pour se charger d'une pareille action sans garantie pour le cas de désaveu?

L'adresse et l'intelligence de Maubreuil ne sont-elles pas connues?

N'est-il pas probable qu'un ordre écrit lui aura été délivré pour un tout autre objet que celui qu'il déclare et qu'il le cèle, parce qu'il se croit intéressé à donner à son mandat une étendue illimitée?

Il produit cinq ordres qui traitent, non pas de la mission en elle-même, mais seulement des moyens de la mettre à exécution.

Le 1er. de ces ordres émane du ministère de la police;

Le 2e. du ministère de la guerre;

Le 3e. de la direction générale des postes;

Le 4e. du général en chef de l'infanterie Russe;

Et le 5e. du général chef d'état-major des troupes Alliées.

Dans chacun de ces ordres, la mission est qualifiée de *mission secrète*, de *mission de haute importance*.

Pour pouvoir la qualifier ainsi, chaque Ministre Français, chaque général étranger a donc dû recevoir, avant de délivrer son ordre, la confidence, la révélation du véritable objet de cette mission.

Les généraux étrangers surtout, n'ont pu délivrer leurs ordres aveuglément et de confiance; puisqu'ils auraient, en le faisant, couru le risque non seulement de compromettre les intérêts politiques de leurs gouvernemens et l'existence de leurs armées, mais encore de se mettre en opposition avec la magnanime volonté de leurs Souverains, qui, en ce moment, ne dédaignaient pas de traiter avec Buonaparte à Fontainebleau.

Il est donc impossible de ne pas croire, que ces généraux se soient fait expliquer le but de la mission, avant de consentir à en faciliter l'exécution.

Or, s'il en est ainsi, Messieurs, quelle déplorable hypothèse faudrait-il commencer par dévorer pour accueillir ensuite l'allégation de Maubreuil!

Il faudrait supposer que les cinq membres composant le gouvernement provisoire;

M. de Talleyrand, Prince de Bénévent ;
M. le Sénateur Comte de Bournonville ;
M. le Sénateur Comte de Jaucourt ;
M. le Duc d'Alberg ;
M. de Montesquiou ;
Le secrétaire adjoint de ce gouvernement, trois Ministres, un général Russe et un général Allemand se fussent entendus et coalisés pour ordonner et faciliter un crime.

L'histoire de notre pays retrace bien les attentats d'hommes obscurs, de la lie du peuple, sans éducation, sans principes, et mûs uniquement par le fanatisme ou la scélératesse.

Mais que onze personnages aussi distingués par leur naissance que par leurs lumières, sortis des plus hautes classes de la société pour être placés à la tête soit du gouvernement, soit des armées, aient conçu et adopté unanimement un projet sanguinaire, dont l'exécution les eût rangés sur la ligne des Clément, des Ravaillac et des Damiens, c'est une monstruosité, à laquelle la raison et l'équité défendront d'ajouter foi, tant et aussi longtems que la vérité n'en aura été démontrée par d'irrécusables preuves !

Ici même, Messieurs, le ministère public, tout accusateur qu'il est, se trouve contraint de défendre Maubreuil de sa propre turpitude.

Le malheureux se calomnie lui-même, quand il prétend qu'on lui a confié l'exécution d'un projet d'assassinat. On ne s'adresse pour une pareille mission qu'à un brigand qui a déjà fait ses preuves ; on ne la propose point à un homme qui a servi dans le rang des braves, qui porte sur son cœur le glorieux signe de la valeur et de la loyauté.

Nous en attestons le caractère et l'honneur de notre nation ; il n'est pas un officier Français, à qui l'on proposerait de devenir un lâche assassin, qui ne se récriât, qui ne refusât d'entendre sur une aussi odieuse matière le moindre détail, la moindre explication ; il n'en est pas un qui, dans la situation prétendue de Maubreuil, n'eût exprimé aux premiers mots son indignation et son horreur ; et si l'on eut insisté davantage, il n'en est pas un qui n'eût à l'instant exigé qu'on lui rendît raison d'une telle infamie !

Cependant, quel qu'invraisemblable que soit le projet, tant sous le rapport des personnes qui l'auraient conçu, que sous celui de l'individu qui aurait été choisi pour l'exécuter, vérifions si l'on rapporte quelques écrits pour le prouver :

Maubreuil ne peut disconvenir qu'il ne lui a jamais été adressé un seul écrit, une seule lettre, une seule ligne, dont l'objet direct ait été de le charger d'un assassinat.

Il s'est prévalu de cinq ou six petits billets du Sr. Roux Laborie, ainsi conçus :

« Venez donc ; pourquoi ne venez-vous pas ?

« Est-il possible de se faire attendre ainsi, etc.... »

Ces billets presque monosyllabiques ne sont ni signés, ni datés. Il n'y est question ni de politique, ni de Buonaparte, ni de ses frères, ni de sa famille.

Ces billets furent écrits à une époque où le Sr. Roux Laborie faisait, de société avec Maubreuil, des opérations de commerce, où il lui donnait, comme avocat, des conseils pour l'aider à repousser ses créanciers.

Comment voir un commencement de preuve de projet d'assassinat, dans ces chiffons où il n'en est pas dit un mot, et qui n'ont eu pour but réel que d'amener des conférences sur des affaires de bourse ou de palais ?

Le Général Bertrand lui-même, à qui Maubreuil et Dasies s'empressèrent de faire hommage de ces billets à son retour de l'île d'Elbe, répondit, quand on les lui redemanda, qu'il les avait trouvés tellement insignifians, qu'il croyait les avoir ou déchirés ou brûlés.

Sa lettre est aux pièces n°. 433.

Mais à défaut d'écrits, y a-t-il des témoins qui aient entendu donner à Maubreuil sa prétendue mission ?

Non, personne au monde.

Selon lui, ce serait le Sr. Roux Laborie, qui la lui aurait proposée, mais en secret, en tête-à-tête, sans témoin.

Quelqu'un a-t-il entendu Maubreuil, avant l'expédition, conférer avec qui que ce fût, fonctionnaire ou simple particulier, d'un plan d'assassinat? Non, personne au monde.

Dasies, que Maubreuil s'était adjoint pour le véritable objet de sa mission, [que nous dévoilerons incessamment,] l'accompagna chez le Sr. Roux Laborie et chez les Ministres de la guerre et de la police; entendit-il quelques discours odieux ? Jamais : Voyez ses interrogatoires.

Que dis-je ! Dasies n'entendit rien : je me trompe, Dasies entendit tout. Il apprit chez les Ministres le véritable but du mandat; il avait besoin de le connaître aussi bien que Maubreuil, puisqu'en lui délivrant les mêmes pouvoirs en double, on lui imposait les mêmes obligations; or, qu'apprit-il?

Il apprit qu'il fallait faire rentrer les caisses numérotées 2 et 3 des diamans de la couronne, que le mameluck Rustan avait soustraites ; il n'apprit rien de plus : Voyez ses interrogatoires n°. 88 et n°. 428.

Voilà la vérité, Messieurs ; c'est Dasies, le compagnon, l'adjoint de Maubreuil porteur d'ordres comme lui, qui nous l'affirme dans son premier interrogatoire, à une époque où les insinuations de Maubreuil ne lui avaient point encore fait pressentir qu'il eût intérêt à recourir à l'imposture.

C'était une mission légitime et loyale, puisqu'il s'agissait de récupérer les propriétés de la couronne.

Il est donc affreux de prétendre que le gouvernement aurait eu des projets d'assassinat.

Nous bornerions là notre réfutation, si, dans une matière qui intéresse l'honneur d'éminens personnages, l'on ne devait dissiper jusqu'aux plus légers soupçons.

En cette absence totale de preuves écrites et testimoniales, qu'invoquera Maubreuil ?

Sa conduite, ses actions, voyons-les :

Il était chargé, à ce qu'il prétend, de détruire ou d'enlever Buonaparte, ses frères et son fils.

A cette époque, Buonaparte conservait encore, malgré ses revers, un simulacre de souveraineté; il ne devait se rendre au lieu de sou exil, qu'escorté par une garde nombreuse et d'une valeur éprouvée.

L'armée Française était loin d'être dissoute.

Certes, le projet d'attentat n'était rien moins que facile à exécuter : il nécessitait des précautions, des intelligences, des préparatifs, des recrutemens et des équipemens d'hommes et de chevaux.

Par quelles dispositions, Maubreuil a-t-il préludé à l'exécution de ce gigantesque projet !

Il s'est adjoint deux hommes : Dasies et Colleville.

Il a été s'enquérir au portier de l'hôtel du Cardinal Fesch, du jour du départ de la Princesse Catherine.

Il y est retourné à différentes reprises.

Il y est encore allé le jour même du départ, annonçant, pour exciter moins de défiance, qu'il avait une lettre à faire passer à Jérôme.

Quand il a été certain de l'instant du départ, il est monté en calèche avec Dasies ; ils sont allés prendre poste à Fossard où la Princesse devait passer.

Lorsqu'elle s'y est présentée, accompagnée du Comte de Furtenstein, de ses femmes et de ses valets, ils se sont mis en devoir de l'arrêter.

Voilà qu'elles ont été en cette occurrence les préparatifs, les dispositions de Maubreuil ! quand on compare le résultat au but prétendu, quand on considère, que celui qui soutient avoir été chargé d'assassiner un ex-Empereur et deux ex-Rois, ne s'est attaché qu'à poursuivre une jeune femme isolée et sans escorte, et qu'il a cru même ne pouvoir la dépouiller avec sécurité qu'en se faisant aider d'un nombreux détachement de chasseurs et de mamelucks, le sourire de la pitié naît involontairement sur les lèvres.

Que reste-t-il à Maubreuil ? Nous ne dirons pas quelle preuve, pas même quel indice ?

« J'ai fait confidence avant l'expédition, au Sr.
» Dasies, dira-t-il, que la recherche des diamans
» de la couronne n'était qu'un prétexte pour cou-
» vrir le véritable objet qui était la destruction
» de la famille de Buonaparte. »

Il est vrai, Messieurs, que Dasies qui, dans ses premiers interrogatoires, n'avait jamais déclaré que Maubreuil lui eût parlé d'un projet d'assassinat, a depuis changé de langage ; treize mois après l'expédition, il a prétendu que Maubreuil lui avait fait cette confidence, avant l'arrestation de la Princesse.

Mais dévoilons sur-le-champ les perfides insinuations qui ont amené un pareil acte de complaisance.

En août 1814, Maubreuil toujours détenu, tandis que Dasies s'était évadé des prisons, allait être livré aux Tribunaux comme prévenu de vol.

Il imagina qu'il échapperait à ces poursuites, s'il parvenait à inspirer aux Ministres des inquiétudes et des craintes assez vives, pour les déterminer à étouffer son affaire et à le faire mettre en liberté.

En conséquence, il écrivit en août 1814, une lettre énigmatique et presque minatoire à Sa Grandeur Monseigneur le Chancelier.

« Sans doute, dit-il, il entre dans le plan du » gouvernement, que tout soit bien connu; » croyez, Monseigneur, que tout le sera suffi- » samment, et que je le servirai merveilleusement » à cet égard. »

Il ajoute ensuite « qu'il ne faut point être étonné, » si l'on sait aussitôt à l'Ile d'Elbe qu'à Paris, les » honnêtes intentions que l'on avait. »

Maubreuil sentant que cette allégation n'aurait point assez de poids dans sa bouche seulement, résolut de la faire confirmer par Dasies; voici le thême qu'il lui fit à cet effet, dans une lettre écrite de sa main :

« Vous avez vu ce que j'ai écrit au Chancelier, » à M. Dufour. *il serait bien de confirmer tout* » *cela*. Suivez l'esprit de la lettre au premier; » Rumond vous en dira davantage une fois chez » Lemaire...... »

Autre lettre, n°. 308 :

« Je vous ai dit *en sortant de la barrière* le

» principal but de la mission ; vous le saviez » *depuis le 3 avril* pour tout ce qui regardait » Napoléon ; mais il est bon que vous sachiez » que cette mission avait pour but l'anéantisse» ment de toute la famille ; j'avais l'ordre de tuer » Jérôme et Joseph comme Napoléon, d'enlever » le Roi de Rome et de mettre tous les autres à » pied. *J'espère que c'est clair. Rappelez-vous-» en donc une bonne fois.* »

Dasies docile à suivre ces perverses insinuations, parla dans la société de la prétendue confidence : mais il se trompa sur le lieu et sur l'époque que Maubreuil avait indiqués ; en conséquence il en reçut les reproches qui suivent :

« Vous établissez *le soir* ce qui s'est passé *le » matin*..... On dirait que vous voulez du bien à » M. Devanteaux ; il vous fera chasser de France ; » et vous le mériterez, car, quand on n'a pas de » caractère, on n'est propre à rien.

« *Au nom de Dieu*, lui dit-il dans une autre » lettre, *n'oubliez donc jamais de ne pas vous » trouver en contradiction avec moi*, vous dites » à Auguste que ce n'est que *le soir* qu'on vous a » dit une chose que j'annonce *le matin*.......... » Vous êtes une commère..... Au nom de Dieu, » taisez-vous sur ces vétilles. »

Postérieurement, Dasies fut repris et interrogé de nouveau [le 7 mai 1815] ; empressé alors de confirmer en justice ces bruits que Maubreuil l'avait chargé de répandre dans la société, quand il était libre, il déclara qu'il avait cru, à la vérité, d'après ce qu'il avait ouï dire au Ministre Dupont, que le voyage n'avait pour but que de faire rentrer les diamans et les trésors de la couronne, mais qu'à *Némours (à 18 lieues de Paris)*, Maubreuil lui avait dévoilé le projet d'assassinat.

Or, Messieurs, rapprochez cette déclaration de la lettre de Maubreuil no. 308, que nous venons de vous lire, et dans laquelle il a dit avoir confié le projet d'assassinat à Dasies *le 3 avril*, 15 jours avant le départ, pour ce qui concernait la personne de Buonaparte, et *en sortant de la barrière*, pour ce qui regardait les autres membres de la famille.

Voyez, s'il est possible de tomber dans des contradictions plus frappantes sur le lieu et l'époque d'une confidence prétendue, qui, selon Maubreuil, aurait été faite en partie *le 3 avril*, et selon Dasies, *le* 19, qui selon Maubreuil, aurait été faite pour l'autre partie, en *sortant de la barrière* de Paris, et selon Dasies, *à Némours* seulement, et pour le tout.

Pesez dans votre sagesse, Messieurs, si vous pouvez ajouter la moindre foi à cette confidence, *(qui d'ailleurs ne prouverait rien, puisqu'elle procéderait de Maubreuil lui-même)*, quand nous mettons sous vos yeux une lettre que Dasies a écrite à Maubreuil quelques jours après son arrestation, et dans laquelle, après lui avoir reproché de l'avoir compromis, il s'exprime ainsi :

« M. de Maubreuil, soyez franc envers moi ; » il en est tems encore ; *si vous n'avez d'autres » ordres plus secrets que la mission dont j'ai » été conjointement chargé avec vous*, et que » vous ayez connaissance des objets que l'on pré- » tend être soustraits, *vous êtes un homme perdu...* » Vous ne pourrez arrêter les poursuites de la » justice, que par la restitution. »

Voici, au surplus l'opinion que Maubreuil a conçue lui-même de son système de défense ; lettre cotée 55, page 3.

« L'opinion publique étant formée et ayant eu » la bêtise de ne rien imprimer ! Il sera impossible » de la ramener, et Vanteaux aura l'avantage ; » je vous l'ai toujours dit : *nous avons pris un » système de défense absurde.* Il fallait imprimer, » quitte à dire qu'on avait dérobé mon manuscrit, » comme Carnot l'a dit.

» *Enfin, dans une telle extrémité, il ne reste » qu'un coup d'éclat. Il faut que je sorte à tout » prix. Aussi une fois déhors, je vous réponds » de la fin de l'affaire et des indemnités.* »

Maintenant, écoutons Colleville qui a indirectement assisté Maubreuil dans sa mission, Colleville, fidèle serviteur de l'Auguste maison de Bourbon, et qui n'a jamais cessé d'être estimable, quoiqu'il ait été impliqué dans ce procès.

Toutes les pages de l'information prouvent qu'il a agi de bonne foi ; qu'il n'a en rien participé à l'enlèvement des diamans et de l'or de la Princesse; aussi la chambre de conseil de Paris s'est-elle empressée de lui rendre justice, en ordonnant sa mise en liberté.

Eh bien ! Messieurs, éclairons-nous de son opinion sur la nature d'une mission étrangère à ses goûts, et dans laquelle il n'a été englobé que par une espèce de fatalité.

Voici sa profession de foi, il n'a jamais varié.

Dans six interrogatoires successifs, il a persisté à déclarer que « Maubreuil ne lui avait dit autre » chose, si ce n'est qu'il allait du côté de Blois ; » que les frères Buonaparte étaient de ce côté là, » qu'ils emportaient beaucoup d'argent et de » diamans au gouvernement ; *qu'ils emportaient* » *deux caisses qui lui avaient été signalées* ; » et qu'il allait à la poursuite de ces effets.

« Que ce n'était qu'à la prison *dite* de la Force, » qu'il avait prétendu, pour la première fois, avoir » été chargé en outre d'enlever Buonaparte et » quelques membres de sa famille. »

» Colleville n'a jamais entendu dire que le
» projet eût été de se défaire de Buonaparte dans
» la forêt de Fontainebleau. Je ne doute pas,
» ajoute-t-il, que Maubreuil n'ait jamais cherché
» qu'à courir après la Reine de Westphalie. »

Enfin dans ses mémoires justificatifs, dans ses lettres, Colleville demande « que l'affaire de
» Maubreuil ne soit plus entravée par l'instruc-
» tion d'infamies imaginaires, combinées par
» l'intrigue ; il fait observer que le fait principal
» qui n'est, dit-il, qu'un délit très avéré, s'isole
» naturellement de tous les odieux et fictifs acces-
» soires,dont Maubreuil s'efforce de l'embarrasser;
» qu'il rougit pour Maubreuil de la nouvelle
» horreur qu'il a mise en avant, au lieu de se
» justifier de celle dont il était accusé; que ses
» menaces, que ses révélations faites après la dé-
» couverte d'une infamante bassesse et ayant pour
» but d'empêcher le Ministre de la guerre et les
» autres de le livrer aux Tribunaux, ne lui réussi-
» ront pas ; qu'il ne parviendra pas à couvrir un
» crime réel par une infamie, conception de la
» plus monstrueuse intrigue. »

Voilà, Messieurs, les lumineuses réflexions de Colleville ; elles nous paraissent prépondérantes.

Comme lui et avec lui, nous rejetons une atroce calomnie, que l'on a mise en avant dans la seule vue de se soustraire à l'ignominie d'un châtiment que l'on redoute.

Nous repoussons des perfidies, qui ont été trop légèrement et trop imprudemment accueillies et répandues, des noirceurs qui n'auraient obtenu ni crédit, ni consistance, si quelques mois après qu'elles eurent été forgées et débitées par un imposteur, la politique astucieuse du gouvernement de l'usurpateur échappé de l'île d'Elbe ne s'en était avidement emparé.

Vous sentez, combien il était intéressant pour Buonaparte de pouvoir se représenter comme une victime qui aurait été dans le tems dévouée aux poignards de la trahison.

Il avait enfreint son ban ; il avait violé le traité d'abdication ; il fallait colorer ce manque de foi ! il crut y parvenir, en prônant dans un de ses décrets, la révélation de Maubreuil.

Voyez le procès-verbal de la séance du Conseil d'Etat du 2 avril 1815 :

» Art. 2. La sûreté de Napoléon, de la famille » Impériale, était garantie [Art. 14 du traité de » Fontainebleau] par toutes les puissances ; et » des bandes d'assassins ont été organisées en » France, sous les yeux du gouvernement » Français et même par ses ordres, *comme le* » *prouvera bientôt la procédure solennelle*

» *contre le Sr. de Maubreuil, pour attaquer* » *l'Empereur et ses frères, et leurs épouses.* »

Aussi avec quelle ardeur, quelle investigation, informa-t-on, durant les cent jours, sur le prétendu projet d'attentat !

Maubreuil lui-même se montra entièrement disposé à affirmer des choses, qui, si elles avaient été vraies, auraient prouvé sa turpitude, et qui auraient excité contre lui le ressentiment et la vengeance de l'usurpateur, s'il n'avait été d'accord avec lui.

Mais que produisirent en définitif ces recherches de la police, des autorités du tems et cette intelligence avec les gouvernans de l'interrègne !

Rien, Messieurs, qu'une ordonnance de la chambre du conseil du Tribunal de la Seine, qui déclara le 28 juin 1815, « qu'il ne résultait pas » de l'instruction, des charges suffisantes que Maubreuil, Dasies, le Sr. Roux Laborie et le nommé » Willaume ayent formé un complot qui aurait » eu pour but l'assassinat de Buonaparte, de ses » frères Jérôme et Joseph, et l'enlèvement de » son fils..... Qu'en conséquence, il n'y avait plus » lieu à poursuivre de ce chef. »

Comme il n'a été formé, dans les 24 heures et en vertu de l'article 135 du code d'instruction criminelle, aucune opposition à cette partie de l'ordonnance, vous remarquerez, que désormais elle est irrévocable, qu'elle a acquis sur le complot d'assassinat l'autorité de la chose jugée, et qu'en conséquence nous ne nous en sommes occupés que par surérogation.

Enfin, nous sommes arrivés au terme d'un point de la discussion qui, depuis longtems, nous oppressait le cœur; il tardait à notre impatience de détruire d'aveugles et injustes préventions.

Vous ne les avez jamais partagées, Messieurs; vous vous êtes toujours dit à vous-mêmes, que si le gouvernement provisoire, le ministère, les généraux Russes et Alliés avaient réellement voulu la mort de Buonaparte, ils n'auraient pas eu besoin d'armer contre lui la main de Maubreuil; qu'il leur aurait suffi de ne pas donner d'ordres pour que sa translation de Fontainebleau au lieu d'embarquement pour l'Ile d'Elbe fût protégée, et que dès-lors Buonaparte serait tombé sous les coups de la vengeance et de la fureur populaires.

Vous avez toujours pensé dans votre sagesse, que si, durant quinze années, une odieuse politique commanda souvent que le sang humain fût versé pour l'intérêt d'une famille régnante, ce ne fut jamais pour celui de l'Auguste famille des Bourbons!.... Non : ce ne fut jamais pour l'intérêt des Bourbons, que la main des traîtres fit couler le sang!

Nous en attestons ce château de Dillingen, en Souabe, où le meurtre du meilleur des Rois fut tenté!

Nous en attestons ces funèbres fossés du donjon de Vincennes, où le jeune et infortuné Duc d'Enghien fut impitoyablement fusillé!

Mais, en établissant, comme nous venons de le faire, que l'allégation du prévenu n'était dans ses premières parties qu'une imposture, nous avons pu du moins préjuger en même tems, que sa véritable mission avait eu pour objet, les diamans enlevés à la Couronne.

M. le Comte de Sémallé a déclaré, que Maubreuil qui désirait obtenir une mission, ne lui avait demandé que la seule autorisation d'aller à la recherche des diamans de la couronne et spécialement des caisses n°s. 2 et 3.

M. Devanteaux a fait une semblable déclaration.

Dans son interrogatoire du 26 avril 1814 n°. 88, Dasies a affirmé, que les caisses n°. 2 et 3 que le mameluck Rustan s'était fait remettre, n'ayant pas été restituées, Maubreuil avait résolu d'aller à la recherche de ces deux caisses; qu'ils avaient été ensemble chez les Ministres, à qui Maubreuil avait dit qu'il pourrait parvenir à découvrir ces deux caisses; qu'il leur avait demandé les ordres nécessaires; que ces Ministres les avaient donnés en double à Maubreuil et à lui.

Rappelez-vous aussi, Messieurs, que quand les voitures de la Princesse furent arrêtées à Fossard, Maubreuil et Dasies ne motivèrent cette mesure que sur la nécessité de vérifier si ces caisses ne renfermaient point des diamans de la couronne ; d'ailleurs, la lettre d'envoi de ces mêmes caisses, écrite à M. Devanteaux par Maubreuil, commence ainsi :

» Je t'envoye, mon cher Alexandre, un maga-
» sin de cassettes. *On m'a bien assuré que les*
» *deux cassettes nos. 2 et 3 qui manquaient à*
» *l'envoi que tu as fait dernièrement au château,*
« *y étaient.* »

De ces rapprochemens, de cette concordance des déclarations de la Princesse, de MM. de Sémallé et Devanteaux, de Dasies et de Colleville, on pourrait conclure à la rigueur, que Maubreuil devait se borner à rechercher les caisses de diamans nos. 2 et 3.

Cependant, comme il aurait été possible que les frères Buonaparte ou leurs agens eussent vidé les caisses nos. 2 et 3, et qu'en les laissant, ils eûssent emporté dans d'autres caisses les diamans que les premières auraient contenus, nous nous déterminons à admettre, que la mission de Maubreuil pouvait aller jusqu'à arrêter et saisir toutes les caisses de diamans indistinctement emportées par Buonaparte ou quelque membre de sa famille

Mais ce point établi, la concession ne peut aller plus loin: Elle présente déjà peut-être, dans le doute sur la question, plus de faveur que de rigoureuse justice.

Qu'on lise toutes les pièces du procès, les actes, les déclarations des témoins, les interrogatoires, on n'y trouvera rien, qui soit de nature à faire naître seulement la plus légère présomption, que le gouvernement provisoire, le ministère, les généraux Russes et alliés ayent jamais autorisé Maubreuil à arrêter la Princesse Catherine, à l'outrager, à la dépouiller de ses propriétés particulières, à lui enlever les moyens de continuer son voyage et de chercher un refuge pour elle et sa nombreuse suite, dans un moment d'alarme, où les partisans des armées belligérantes parcouraient le pays, et surtout lorsque cette Princesse, qui venait de quitter Paris au vu et su du gouvernement provisoire, représentait les passeports qui lui avaient été délivrés par l'ordre des Empereurs de Russie et d'Autriche, dont les troupes occupaient alors la Capitale.

Renfermons donc la mission du prévenu dans de raisonnables limites. Ne l'étendons pas plus à un chimérique projet d'assassinat, qu'à l'enlèvement coupable de la somme de 84,000 fr. en or, somme qui ne sera jamais un trésor pour une personne qui voyage en Souveraine, avec une suite de 20 personnes et 27 chevaux de poste.

Il nous reste, Messieurs, à qualifier et caractériser le fait de l'enlèvement de cet or.

APPRÉCIATION DU FAIT.

1°.

Ce fait constitue-t-il un vol commis sur un chemin public ?

La chambre de conseil du Tribunal de la Seine l'a considéré ainsi; la chambre d'accusation et le Tribunal correctionnel ont pensé différemment.

La dernière opinion nous paraît la plus fondée.

En effet, les caisses de diamans et d'or n'ont point été enlevées sur la grande route; on s'y est borné à faire arrêter les voitures, et à les diriger vers la commune de Fossard, afin de les visiter.

Jusques là, Maubreuil et Dasies, porteurs d'ordres ministériels et investis de la mission que nous avons précédemment déterminée, n'ont fait qu'user de leurs droits.

Le mal, l'excès de pouvoir, n'ont commencé que dans le bourg même de Fossard : l'espèce n'offre donc point de vol commis sur un chemin public.

2°.

Est-ce une soustraction commise par un agent du gouvernement, et prévue par les art. 169 et 173 du code pénal ?

Remarquons d'abord, que ces deux articles sont rangés dans une section du code ayant pour titre : » De la forfaiture et des crimes et délits des fonc- » tionnaires publics dans l'exercice de leurs » fonctions. »

Serait-il exact de dire que dans la circonstance Maubreuil ait été un fonctionnaire public ; qu'en agissant comme il l'a fait, il ait exercé des fonctions publiques.

Quel rang, quelle qualité, quel titre assigner à un pareil fonctionnaire !

Quelle dénomination appliquer à des fonctions de cette nature !

Les articles 169 et 173 sont classés dans le paragraphe 1er. de la section intitulée : « Des » soustractions commises par les dépositaires » publics. »

Nous ne voyons rien dans la procédure qui conduise à reconnaître un dépôt et surtout un dépôt public.

Sans dépôt, point de dépositaire.

Si nous nous livrons à un examen plus spécial des articles cités, d'abord de l'art. 169, nous ne pouvons méconnaître, en méditant sur ses termes, qu'il ne doit s'appliquer qu'aux fonctionnaires publics en matière de finances.

L'article 170, qui est une suite, une explication, une corrélation de cet article 169, parle de recettes, de dépôts, de places sujettes ou non à cautionnement.

Il est si vrai, que cet article 169 n'enveloppe point dans ses dispositions tous les fonctionnaires en général, qu'il y a été suppléé par l'art. 173, en ce qui concerne les fonctionnaires publics des ordres judiciaire et administratif.

Mais comme on ne remet à ceux-ci, à raison de leurs fonctions, ni deniers, ni effets mobiliers, l'art. 173 a reçu moins d'étendue que l'art. 169; il a été restreint aux actes et titres;

Il s'ensuit qu'il est inapplicable à notre espèce, puisqu'il n'y est question que de soustraction de diamans et d'or; et que des objets de cette nature ne passeront jamais pour des actes ou des titres.

Se prévaudra-t-on du second paragraphe de cet article, ainsi conçu :

« Tous agens, préposés ou commis, soit du » gouvernement, soit des dépositaires publics qui » se sont rendus coupables des mêmes soustrac- » tions, seront soumis à la même peine. »

Nous ferons observer que ce second paragraphe ne peut s'entendre que des soustractions d'actes et de titres déposés, dont il est parlé dans le paragraphe précédent.

En effet, le législateur n'y a point exprimé que

ses dispositions dûssent être appliquées hors et au delà de l'article 173, dont ce deuxième paragraphe est une dépendance et avec lequel il fait corps.

Si cependant une pareille extension avait été dans sa volonté, il eût expressément ordonné qu'il s'appliquât aussi aux dépositaires et aux soustractions dont l'article 169 fait mention; En semblable occurrence, sachant que la loi criminelle et pénale ne peut être trop précise, il ne laisse jamais la moindre incertitude, lorsqu'il entend établir une corrélation, ainsi qu'on le voit des articles 175, 177, 179 et autres; pour rendre d'ailleurs ce second paragraphe applicable aux articles précédents de la section, on devait en former un article séparé; et pour assimiler les agens et préposés infidèles dont parle l'article 173, § 2, aux fonctionnaires mentionnés en l'article 169, il fallait déclarer que ces agens seraient soumis aux mêmes peines et non à la même peine, au singulier, puisque dans les cas prévus par l'article 169, il y a toujours plusieurs peines prononcées : d'abord, celle des travaux forcés, puis une amende (art. 172) qui est aussi une peine aux termes du n°. 3 de l'article 9 du code pénal.

Au surplus, il n'y a d'agens, de préposés ou de commis du gouvernement, dans le sens de la loi, que ceux qui exercent des fonctions publiques ; Maubreuil n'est assurément point dans ce cas.

Les Tribunaux, les Cours successivement investis de la connaissance de son affaire, n'ont point été arrêtés par le défaut d'autorisation préalable du conseil d'état ; tous auront considéré, que cette autorisation instituée pour la mise en jugement des seuls fonctionnaires publics, avait eu pour unique but de les mettre à l'abri de poursuites indiscrètes ou téméraires, susceptibles de leur faire perdre la haute considération dont on entendait les environner.

Si nous voulons creuser plus profondément encore dans l'esprit et la pensée du rédacteur des articles 169 et 173, lisons l'article 12 du titre 1er., 5e. section, du code pénal de 1791, qui lui a servi de base, et qui est ainsi conçu :

« Tout fonctionnaire ou officier public qui sera » convaincu d'avoir détourné ou soustrait des » deniers, effets, actes, pièces ou titres dont il » était dépositaire, à raison des fonctions publi- » ques qu'il exerce, et *par l'effet d'une confiance* » *nécessaire*, sera puni, etc..... »

Ce rapprochement ne démontre-t-il pas que pour être dans le cas de ces articles 12, 169 et 173, il faut avoir exercé des fonctions publiques, habituelles et antécédentes à la soustraction pour laquelle on est poursuivi ; qu'il faut que la personne qui a donné occasion à cette soustraction par le dépôt de ses deniers ou de ses titres, ait été obligée, forcée, contrainte à les remettre, moins par la foi qu'elle accordait au dépositaire personnellement, qu'à cause de la confiance que commandait le caractère public dont il était revêtu ?

Or, le Gouvernement provisoire n'a jamais été forcé de mettre sa confiance en Maubreuil, simple particulier ; il était parfaitement libre de charger de la mission de rechercher les diamans de la couronne, tout autre individu que lui. Il était maître de la confier à un commissaire général de polic , qui, à raison de ses fonctions publiques, habituelles et antécédentes à la mission, eut été passible des articles 169 et 173 du code pénal.

Le Gouvernement ne l'a pas fait ; il n'y a point eu de sa part confiance nécessaire.

Si ces motifs n'étaient point déterminans pour faire rejetter, dans l'espèce, toute application des articles précités, il faudrait en conclure qu'un homme de peine, un simple commissionnaire, appelé d'un coin de rue dans un des bureaux du ministère, et chargé là de porter en ville un sac d'argent, pourrait, en cas d'infidélité, être aussi considéré comme un agent du Gouvernement, violateur d'un dépôt public.

5°.

Enfin, est-ce un abus de confiance, prévu par l'art. 408 du code pénal ?

Quoique cet article aît le mérite de pouvoir s'appliquer à tous autres que des fonctionnaires publics (« quiconque aura détourné, etc. ») Nous ne pensons pas cependant qu'il puisse être invoqué dans la cause.

Il suppose une remise de déniers, effets....... à titre de dépôt ou pour un travail salarié, à la charge de les rendre ou représenter, ou d'en faire un usage ou un emploi déterminé.

Y a-t-il eu dépôt dans l'espèce ?

L'article 1915 du code civil est ainsi conçu :

« Le dépôt en général est un acte par lequel on » reçoit la chose d'autrui, à la charge de la garder » et de la restituer en nature. »

« Pour que le contrat par lequel l'un des contrac- » tans fait à l'autre la tradition d'une certaine chose » soit un contrat de dépôt, dit POTHIER en son » traité sur cette matière, n°. 9, page 13, il faut » que la principale fin de la tradition soit unique- » ment, afin que celui à qui la tradition est faite » se charge de la garde de cette chose.

« Cette fin fait le caractère essentiel et distinctif » du contrat de dépôt qui le distingue des autres » contrats.

« Lorsque la tradition se fait pour une autre fin,
» ce n'est pas un contrat de dépôt, c'est une autre
» espèce de contrat..... Par exemple : lorsque je
» donne à quelqu'un de l'argent ou d'autres choses
» pour les porter dans un autre lieu, ce n'est pas
» un contrat de dépôt, mais un contrat de man-
» dat : car je ne les donne pas pour qu'on me les
» garde, *custodiœ causâ dumtaxat*, mais pour
» qu'on les transporte dans le lieu où je les envoye. »

Cette opinion d'un auteur estimé a été pleinement confirmée par un arrêt de cassation, que nous rapporterons tout-à-l'heure.

Or, les diamans de la Princesse Catherine ont-ils été remis à Maubreuil précisément afin qu'il les gardât et les restituât un jour en nature ?

Non, évidemment : ils lui ont été remis afin qu'il les transportât de Fossard à Paris, où ils devaient être vérifiés.

La restitution en nature de ces diamans une fois remis ne pouvait même plus dépendre de lui.

Maubreuil doit donc être considéré relativement à la saisie et au transport de ces diamans, non comme un dépositaire, mais comme un mandataire.

Examinons maintenant, si par suite de malversations en cette qualité de mandataire, il serait passible de la peine portée par l'article 408.

Il faut admettre l'affirmative, si sa mission a été ou devait être salariée, et la négative dans le cas contraire.

Voici l'arrêt de cassation, que nous invoquions tout-à-l'heure et que Sirey rapporte tome 14, première partie, page 156 de son recueil.

« Le mandataire *officieux* qui a trompé la con-
» fiance de son mandant n'est pas, pour cela
» passible de la peine portée à l'article 408 du code
» pénal. »

(WISLIN—C.—COLARD.)

Par application de l'article 408 du code pénal, Wislin avait été condamné à la peine de l'emprisonnement pour avoir détourné, au préjudice de la veuve Colard, une somme de 50 francs, que celle-ci l'avait chargé de payer à l'avoué qui avait occupé pour elle contre le nommé Clément.

Cet article était mal appliqué, puisqu'il ne prononce de peine que contre celui qui a détourné des choses à lui confiées à titre de dépôt ou pour un travail salarié.

Le contrat n'était point un dépôt, puisque Wislin n'était pas chargé de garder la somme de 50 francs et de la restituer.

Le contrat n'était point un louage d'ouvrage, puisqu'il n'avait pas été jugé en fait que Wislin eût reçu ou dû recevoir un salaire quelconque pour porter cette somme à l'avoué de la veuve Colard.

Le contrat était donc un mandat officieux et gratuit ; et il n'y a dans le code pénal de 1810 aucune disposition pénale contre le mandataire officieux qui a trompé la confiance de son mandant.

Pourvoi en cassation pour contravention à l'article 408 du code pénal.

ARRÊT.

Vu l'article 408 du code pénal ;

Vu aussi les articles 408 et 413 du code d'instruction criminelle ;

La Cour, considérant que d'après les termes de l'article 1915 du code civil, le dépôt, en général, est un acte par lequel on reçoit la chose d'autrui, à la charge de la garder et de la restituer en nature ;

Qu'ainsi, l'on ne peut considérer comme dépôt le contrat par lequel François-Xavier Wislin s'est chargé, non de garder la somme de 50 francs à lui remise par la veuve Colard, et de la restituer, mais de la porter à l'avoué de la veuve Colard ;

Qu'il n'a pas été jugé en fait que Wislin eût reçu ou dû recevoir un salaire quelconque pour s'acquitter de cette commission ; qu'ainsi le contrat n'est point un louage d'ouvrage ; qu'il ne peut donc être qu'un mandat gratuit, et qu'en effet il est exposé dans les motifs de l'arrêt de la Cour Royale de Besançon, que la femme Colard avait remis à Wislin la somme de 50 francs, pour payer les frais faits par l'avoué Gallet, dans l'instance existante entre elle et le nommé Clément, marchand de vin, et que Wislin n'a point exécuté ce mandat, dont il s'était spécialement chargé;

Que l'article 408 du code pénal de 1810 ne prononce des peines correctionnelles que contre celui qui a détourné ou dissipé des choses qui lui avaient été confiées à titre de dépôt ou pour un travail salarié; qu'aucune disposition n'a prononcé de peine contre le mandataire qui n'a pas exécuté le mandat dont il s'était chargé gratuitement ou qui a abusé des choses qui lui avaient été confiées à ce titre; et qu'avant le code pénal de 1810 et les *codes* de 1791, les abus commis par un mandataire ne donnaient lieu à aucune condamnation pénale;

Par ces motifs, la Cour casse, etc. »

Tout dépend donc ici de la question de savoir si Maubreuil a eu ou devait avoir un salaire.

A la vérité, il a prétendu qu'on lui avait promis des biens, des dignités par-delà ses désirs, 200000 livres de rente, le titre de Duc, de Lieutenant-Général, le Gouvernement d'une Province, etc.....

Mais de son propre dire, il est résulté que ces fictives promesses, trop exagérées pour être vraisemblables, ne devaient se réaliser qu'au cas de succès d'un projet d'attentat, dont la fausseté a été démontrée.

Du reste, rien n'indique dans la procédure que quelque chose que ce soit ait été donné ou promis à Maubreuil, en récompense des peines qu'il devait prendre pour faire rentrer les diamans de la couronne.

Il paraîtrait même, d'après la déclaration de MM. Devanteaux et de Sémallé, qu'il se serait proposé pour cette recherche des diamans, moins dans la vue d'obtenir un salaire instantané, que pour signaler par un service éminent le dévouement qu'il avait ou qu'il feignait alors d'avoir pour les Bourbons.

S'il en a été ainsi, le prévenu ne peut être considéré comme un mandataire salarié, et dès-lors l'article 408 est inapplicable.

Mais ne perdons pas de vue, que si l'infidélité de Maubrenil dans l'exécution de son mandat relativement aux diamans ne pourrait, d'après la loi et la jurisprudence de la Cour de cassation, donner lieu contre lui qu'à une action civile en dommages-intérêts, rien ne peut empêcher de le poursuivre d'office, à raison de ce qu'il a pu faire, indépendamment, hors et au-delà de ce même mandat, dont évidemment il a excédé les bornes, en enlevant à la Princesse Catherine la somme de 84,000 francs en or.

Dira-t-il que son erreur a été involontaire; qu'il a pu, de bonne foi, se croire autorisé à arrêter et à saisir cet or aussi bien qne les diamans !

Nous répondrons que tout se réunit et se combine, et dans les pièces du procès et dans les circonstances du fait, pour démontrer qu'à l'instant même où Maubreuil aperçut la caisse qui renfermait de l'or, il conçut tellement l'idée de se l'approprier frauduleusement, que dès-lors il ne s'attacha plus qu'à faciliter de tous ses efforts l'exécution de ce projet d'envahissement, comme aussi à écarter les embarras, les difficultés, les obstacles qu'il jugeait de nature à l'entraver.

En effet, lui et Dasies en arrêtant les voitures à deux portées de fusil en avant de Fossard, avaient déclaré formellement que leur mission exigeait le retour de la Princesse à Paris.

Ces dispositions hautement annoncées par eux restent les mêmes pendant le déchargement et la prise de possession des caisses de diamans.

Mais tout change une heure après, au moment même où l'œil cupide de Maubreuil est tombé sur la caisse renfermant les 84,000 francs en or.

Dès-lors, la mission n'exige plus le retour de la Princesse à Paris.

Elle même demande à y revenir : sa présence

eût rendu toute soustraction impossible : Maubreuil rejette sa prière.

Elle annonce l'intention de faire accompagner ses diamans et son or par une personne de confiance ; c'eût été même obstacle, même impossibilité de soustraire !.. nouveau refus de Maubreuil :

Elle se plaint amèrement et en versant des larmes, de ce qu'on la dépouille ainsi de l'argent qui lui est nécessaire pour voyager et vivre en route, elle et sa suite ; Maubreuil, qui a acquis la certitude que c'est une somme énorme qu'il lui enlève, la détermine, non sans peine, à accepter en place sa ceinture.

Maubreuil craint, qu'après son départ, la Princesse ne retourne sur ses pas pour l'observer et le suivre à Paris ; il la force de partir de Fossard pour Villeneuve la Guyare, sous l'escorte de deux chasseurs.

Il craint qu'elle n'expédie pour le surveiller et éclairer ses actions, quelques-uns de ses gens : il signifie défense au maître des postes de Fossard de donner des chevaux avant trois heures.

Parlerons-nous de ce qui a suivi ; rappellerons-nous ces mille et une circonstances que déjà nous avons fait connaître, en exposant les faits, et qui toutes ont manifesté jusqu'à l'évidence, les véritables intentions du prévenu ? non, il nous suffit d'avoir établi, qu'à la vue de la caisse d'or, la pensée de Maubreuil s'est dirigée sur les moyens de s'en emparer, et qu'à cet égard, sa volonté a été aussi subite que prononcée.

Douterons-nous que cette volonté du premier moment soit ensuite demeurée fixe et invariable, quand il est prouvé d'ailleurs que jusqu'à la consommation du remplacement des 84,000 francs en pièces d'or par 2000 francs en pièces d'argent, Maubreuil n'a plus fait un seul pas, une seule démarche qui n'ait tendu à rendre son larçin plus facile et plus occulte en même tems.

Il l'a surtout facilité, Messieurs, en s'abstenant malicieusement de faire apposer sur les caisses, aucun cachet, aucun sçeau, de faire dresser aucun procès-verbal, aucun inventaire....... toutes irrégularités que Maubreuil a commises de mauvaise foi et avec de perfides et coupables desseins, puisqu'elles auraient été entièrement couvertes, s'il n'avait défendu à la Princesse un retour à Paris qu'une heure auparavant il avait prescrit lui-même; puisque ce retour, si ses intentions avaient été pures, aurait été pour lui la plus rassurante et la plus honorable des garanties.

Mais non ; il avait médité l'action à laquelle il allait se porter et il avait pressenti qu'il n'avait besoin, ni de surveillans, ni de témoins.

En reconnaissant donc que Maubreuil est sorti sciemment et volontairement des bornes de son mandat, faisons abstraction de ce même mandat pour apprécier et qualifier le fait de l'enlèvement de l'or, que ce mandat ne peut couvrir de son attache, puisqu'il y est totalement étranger.

Ce fait présente une soustraction frauduleuse de la chose d'autrui; il constitue donc un vol.

Il ne nous reste qu'à examiner si ce vol est simple, ou s'il a été précédé, accompagné ou suivi de quelque circonstance aggravante, susceptible de le criminaliser.

Il a été commis par une seule personne, car Dasies, l'adjoint de Maubreuil dans l'expédition, a été innocenté; et le détachement de chasseurs et de mamelucks n'agissait que passivement et sur ordre.

Il a été commis de jour :

Sans effraction intérieure : l'information établit que la caisse d'or ne s'est défoncée sur la patache que par l'effet du cahot.

Cependant il a été commis dans une auberge, où Maubreuil avait été nourri et logé la veille et la nuit précédente. Cette circonstance serait aggravante et criminaliserait l'action, s'il ne nous paraissait que Maubreuil, lorsqu'il amena dans cette auberge les voitures de la Princesse pour les visiter, était moins un commensal, un hôte de la maison, en qui l'on aurait dû placer une confiance nécessaire, qu'un homme tout-puissant, porteur d'ordres émanés de l'autorité supérieure, et qui en ce moment s'était emparé si ouvertement et si irrésistiblement de cette maison, pour y exécuter son mandat, qu'il l'avait environnée dès la veille de sentinelles et de védettes pour en défendre l'accès.

Le fait imputé au prévenu ne serait donc point un vol d'auberge ; il rentrerait dans les dispositions de l'article 401 du code pénal ; et dès-lors, le Tribunal correctionnel de la Seine aurait mal jugé, en se déclarant incompétent.

Nous pensons, Messieurs, vous avoir fait connaître les faits de la cause et vous avoir donné sur les questions à décider des notions assez étendues, pour que votre sagacité puisse à cet égard suppléer à notre insuffisance.

Nous allons terminer notre pénible tâche par une réfutation succincte de quelques passages des mémoires et adresses du prévenu.

Je suis, dit-il, dans son adresse à la chambre des Députés, « *plongé depuis quatre ans dans les* » *cachots.* »

Maubreuil omet de soustraire de la durée de sa détention les intervalles de liberté qu'il sut se procurer.

Sorti de prison le 19 mars 1815, il fût, à la vérité, bientôt repris ; mais il parvînt dans les cent jours à s'évader de la Préfecture de police et à passer dans la Belgique ; rentré en France, la gendarmerie l'arrêta au Mans le 20 avril 1816, parce qu'il voyageait sous de faux noms, et qu'il entretenait des relations avec les séditieux ; Maubreuil s'échappa, emportant avec lui ses papiers ; et ce ne fût que le 11 juin 1816, (il y a dix-huit mois), qu'on l'arrêta pour la quatrième fois à Vaucresson.

« *C'est de mon cachot* (de Douai) *que je* » *trace ces dernières lignes !* » Ecrit-il à MM. les Députés des départemens.

Il y a trois maisons d'arrêt à Douai, celle sous le Palais de Justice, qui est sans préau ; celle près l'hôtel de la Mairie, qui est aussi très-rigoureuse ; la troisième dite *la tour Notre-Dame*, qui est saine, aërée, mieux tenue que les autres, et dans laquelle on ne place ni condamnés à mort, ni prévenus de grands crimes.

C'est précisément dans cette dernière maison que Maubreuil fut écroué à son arrivée de Rouen.

Quoiqu'il en dise, cette faveur accordée à un homme prévenu d'avoir dérobé des millions, excite l'envie de bien des malheureux repris de justice pour des vols exigus.

« *L'on m'a mis dans l'impossibilité de rien » faire connaître tendant à ma justification !* » dit-il dans sa lettre aux rédacteurs des journaux du 12 novembre 1817.

Les imprimés dont la ville et le département sont inondés, ne prouvent-ils pas suffisamment que Maubreuil en impose sur ce point comme sur tous les autres !

« *Je suis*, s'écrie-t-il, *la victime de persécu- » teurs tout-puissans, bardés, dorés et titrés !* »

Jusqu'à présent, aucun de ces prétendus persécuteurs ne s'est fait connaître à Douai.

L'autorité supérieure ne s'est entremise dans cette affaire que pour recommander de la juger aussitôt qu'elle serait en état, et d'adoucir, en attendant l'arrêt, les rigueurs de la captivité de Maubreuil, autant que la prudence pourrait le permettre.

Ces ordres ont été suivis, puisque l'on s'est borné à exercer sur le détenu la surveillance que commandait la preuve irréfragable que l'on trouve au dossier, et d'une attaque de vive force dirigée contre les gens de justice, sous l'arcade St.-Jean à Paris, pour le leur enlever, et de nombreux plans d'évasion remarquables par la hardiesse et la profondeur des combinaisons.

Si le système de défense que Maubreuil a adopté, pouvait lui permettre de reconnaître dans autrui de la délicatesse et de l'intégrité, il cesserait d'insulter à la magistrature, en publiant qu'elle se laisse influencer.

Il ferait un retour sur lui-même et attribuerait la durée de sa détention à son véritable motif.

S'il ne s'était jamais évadé, l'instruction eût été plus rapide.

S'il n'avait torturé sa mission pour l'étendre, s'il n'avait appelé à son aide ni le mensonge, ni la calomnie, il aurait déjà été jugé.

En recourant à l'imposture, il n'a fait qu'entraver lui-même la décision de sa cause, et se placer dans une situation que l'insuffisance des lois sur la matière a prolongée.

Mais la raison et la vérité n'ont aucun empire sur Maubreuil; dans sa lettre aux rédacteurs des journaux, il pousse même l'extravagance jusqu'à soutenir « *qu'en le chargeant de détruire Buo-*
» *naparte et sa famille, on lui aurait adjugé*
» *toutes leurs richesses.* »

Allégua-t-on jamais une libéralité plus bizarre! L'on aurait été au-devant de Maubreuil, pour *lui adjuger toutes les richesses de la famille détrônée ;* on l'aurait supplié de prendre et de s'approprier toutes ces richesses !

N'est-ce pas, d'ailleurs, comme s'il disait :

» L'on m'a proposé de commettre un assassi-
» nat en m'assignant pour récompense la dépouille
» des victimes. J'ai eu l'air d'accepter, mais je
» ne l'ai fait qu'avec une restriction mentale. Je
» me suis dit : je ne donnerai point la mort à ceux
» que l'on désigne, la morale me le défend : je
» me bornerai à m'emparer de leur dépouille. »

L'insensé ! Cette même morale qui lui aurait défendu d'assassiner, aurait-elle pu lui permettre de piller et de voler !

Aurait-il été libre en se chargeant de consommer l'œuvre de l'iniquité, de se restreindre à en prendre le salaire !

C'est le comble de l'absurdité ! et pour appuyer cette prétendue transaction avec sa conscience, Maubreuil invoque dans chacun de ses mémoires l'honneur national ! il le souille quand il en parle; ce n'est point à lui, c'est à nous, qui parlons au nom d'un Monarque jaloux de la gloire de son peuple, c'est à nous qu'il appartient d'invoquer et de défendre cet honneur national qui serait indignement flétri, si l'on admettait que le gouvernement eût ordonné des meurtres, en abandonnant à l'assassin la dépouille des victimes.

Laissons donc, Messieurs, ces horreurs, fruits d'une imagination dépravée, croupir dans la source impure, où l'on n'a pas rougi de les puiser.

CONCLUSIONS DÉFINITIVES :

Attendu que les arrêts de chambre d'accusation sont seulement indicatifs et non attributifs de jurisdiction ;

Que le fait imputé au prévenu est un *délit* et *non un crime* ;

Que l'affaire à été renvoyée *sur le fond* devant la Cour Royale de Douai ;

Qu'une chambre d'appel de police correctionnelle, qui infirme le jugement d'un Tribunal inférieur et correctionnel qui s'est déclaré incompétent seulement à raison de la nature et des circonstances du fait, doit prononcer sur le fond de la prévention, sans renvoyer à d'autres juges ;

Que cette opinion établie par MM. Carnot et Legraverend dans leurs commentaires sur le code d'instruction criminelle, est consacrée par trois arrêts de la Cour de cassation des 7 et 14 mai 1813 et 5 avril 1816 ;

Nous requérons que la Cour annuelle le jugement dont est appel, et que fesant ce que les premiers juges auraient du faire, elle ordonne que des témoins seront assignés par qui de droit à l'effet de comparaître à telle audience qu'il lui plaira désigner, pour être, après leur audition, statué ce qu'il appartiendra ; dépens reservés.

Nota. quelques paragraphes de ce plaidoyer n'ont pu être prononcés à l'audience, à cause de l'extrême impatience, que le prévenu témoignait de prendre lui-même la parole.

La réfutation de la fin de non-recevoir que l'on prétendait tirer de la mise en liberté du 19 mars 1815, a été improvisée, ainsi que la réplique.

ARRÊT.

Vu par la Cour Royale de Douai, chambre des appels de police correctionnelle, l'arrêt rendu le 26 août 1817, par les sections réunies de la Cour de cassation, qui lui renvoyent la cause de Marie-Armand-Guerry de Maubreuil, prévenu de vol, pour être procédé, conformément à la loi, à nouveau jugement de l'appel interjeté par ce dernier, du jugement d'incompétence du Tribunal correctionnel du département de la Seine, portant date du 22 avril dernier;

Vu ledit jugement;

Vu l'acte d'appel formé contre icelui par de Maubreuil, le 29 dudit mois d'avril;

Vu les arrêts intervenus dans la cause, ensemble les autres pièces de la procédure;

Ladite cause appelée aux audiences des 18, 19, 20 et 22 de ce mois;

Ouï à l'audience du 18 le prévenu qui, sur l'interpellation de M. le Président, a dit se nommer Marie-Armand-Guerry de Maubreuil, être âgé de 33 ans, propriétaire, demeurant à Paris;

Ouï le rapport de l'affaire fait à ladite audience par M. Woussen, l'un des Conseillers de la chambre;

Ouï M. Couture, avocat du prévenu, qui a plaidé pour son client ;

Après qu'à l'audience du 19, M. Maurice avocat-général portant la parole au nom de M. le Procureur général du Roi, a été entendu dans sa plaidoierie ;

Après l'avoir entendu à l'audience du 20 en ses conclusions ;

Ouï enfin à ladite audience, le prévenu lui-même en ses moyens de défense ;

Après en avoir délibéré conformément à la loi ;

Vu les articles 179, 193, 214, 407, 408, 413, 416 et 230 du code d'instruction criminelle, et les articles 169, 173, 401 et 408 du code pénal, dont il a été donné lecture par M. le Président, lesquels sont ainsi concus :

« Art. 179. Les Tribunaux de première Ins- » tance en matière civile, connaîtront en outre, » sous le titre de Tribunaux correctionnels, de » tous les délits forestiers poursuivis à la requête de » l'administration, et de tous les délits dont la » peine excède cinq jours d'emprisonnement et » quinze francs d'amende.

« Art. 193. Si le fait est de nature à mériter » une peine afflictive ou infamante, le Tribunal » pourra décerner de suite le mandat de dépôt ou » le mandat d'arrêt, et il renverra le prévenu de- » vant le juge d'instruction compétent.

« Art. 214. Si le jugement est annullé parce que » le délit est de nature à mériter une peine afflictive » ou infamante, la Cour ou le Tribunal décernera » s'il y a lieu, le mandat de dépôt ou même le » mandat d'arrêt, et renverra le prévenu devant » le fonctionnaire public compétent, autre toute » fois que celui qui aura rendu le jugement ou fait » l'instruction.

« Art. 407. Les arrêts et jugemens rendus en » dernier ressort, en matière criminelle, correc- » tionnelle ou de police, ainsi que l'instruction et » les poursuites qui les auront précédés, pourront » être annullés dans les cas suivans, et sur des re- » cours dirigés d'après les distinctions qui vont être » établies.

« Art. 408. Lorsque l'accusé aura subi une » condamnation et que, soit dans l'arrêt de la Cour » Royale qui aura ordonné son renvoi devant » une Cour d'Assises, soit dans l'instruction et la » procédure qui auront été faites devant cette » dernière Cour, soit dans l'arrêt de condamna- » tion, il y aura eu violation ou omission de quel- » ques-unes des formalités que le présent code » prescrit sous peine de nullité, cette omission ou » violation donnera lieu, sur la poursuite de la » partie condamnée ou du ministère public, à » l'annullation de l'arrêt de condamnation et de ce » qui l'a précédé, à partir du plus ancien acte nul.

« Il en sera de même, tant dans les cas d'incom-
» pétence que lorsqu'il aura été omis ou refusé de
» prononcer, soit sur une ou plusieurs demandes
» de l'accusé, soit sur une ou plusieurs réquisitions
» du ministère public, tendant à user d'une faculté
» ou d'un droit accordé par la loi, bien que la
» peine de nullité ne fut pas textuellement attachée
» à l'absence de la formalité, dont l'exécution
» aura été demandée ou requise.

« Art. 413. Les voies d'annullation exprimées
» en l'article 408 sont, en matière correctionnelle
» et de police, respectivement ouvertes à la partie
» poursuivie pour un délit ou une contravention,
au ministère public et à la partie civile s'il y en a
» une, contre tous arrêts ou jugemens en dernier
» ressort, sans distinction de ceux qui ont pro-
» noncé le renvoi de la partie ou sa condamnation.

« Néanmoins, lorsque le renvoi de cette partie
» aura été prononcé, nul ne pourra se prévaloir
» contre elle, de la violation ou omission des formes
prescrites pour assurer sa défense.

» Art. 416. Le recours en cassation contre les
» arrêts préparatoires et d'instruction, ou les ju-
» gemens en dernier ressort de cette qualité, ne sera
» ouvert qu'après l'arrêt ou jugement définitif;
» l'exécution volontaire de tels arrêts ou jugemens
» préparatoires ne pourra en aucun cas, être op-
» posée comme fin de non recevoir.

« La présente disposition ne s'applique point
» aux arrêts ou jugemens rendus sur la compétence.

« Art. 230. Si la Cour estime que le prévenu
» doit être renvoyé à un Tribunal de simple police
» ou à un Tribunal de police correctionnelle, elle
» prononcera le renvoi, et indiquera le Tribunal
» qui doit en connaître.

« Dans le cas de renvoi à un Tribunal de simple
» police, le prévenu sera mis en liberté.

« Art. 169. Tout percepteur, tout commis à
» une perception dépositaire ou comptable public
» qui aura détourné ou soustrait des déniers publics,
» ou privés, ou effets actifs en tenant lieu, ou des
» pièces, titres, actes, effets mobiliers qui étaient
» entre ses mains en vertu de ses fonctions, sera
» puni des travaux forcés à tems, si les choses
» détournées ou soustraites sont d'une valeur au-
» dessus de trois mille francs.

« Art. 173. Tout juge, administrateur, fonction-
» naire ou officier public qui aura détruit, sup-
» primé, soustrait ou détourné les actes et titres
» dont il était dépositaire en cette qualité, ou qui
» lui auront été remis ou communiqués à raison
» de ses fonctions, sera puni des travaux forcés à
» tems.

« Tous agens préposés ou commis, soit du Gou-
» vernement, soit des dépositaires publics, qui se

» seront rendus coupables des mêmes soustractions,
» seront soumis à la même peine.

« Art. 401. Les autres vols non spécifiés dans
» la présente section, les larcins et filouteries, ainsi
» que les tentatives de ces mêmes délits, seront
» punis d'un emprisonnement d'un an au moins et
» de cinq ans au plus, et pourront même l'être
» d'une amende qui sera de seize francs au moins
» et de cinq cents francs au plus.

« Les coupables pourront encore être interdits
» des droits mentionnés en l'article 42 du présent
» code, pendant cinq ans au moins et dix ans au
« plus, à compter du jour où ils auront subi la
» peine.

« Ils pourront aussi être mis, par l'arrêt ou le
» jugement, sous la surveillance de la haute police
» pendant le même nombre d'années.

« Art. 408. Quiconque aura détourné ou dissipé
» au préjudice du propriétaire possesseur ou déten-
» teur, des effets, déniers, marchandises, billets,
» quittances, ou tous autres écrits contenant ou
» opérant obligation ou décharge, qui ne lui au-
» raient été remis qu'à titre de dépôt ou pour un
» travail salarié, à la charge de les rendre ou re-
» présenter ou d'en faire un usage ou un emploi
» déterminé, sera puni des peines portées dans
» l'article 406.

« Le tout sans préjudice de ce qui est dit aux » articles 254, 255 et 256, relativement aux sous- » tractions et enlévemens de déniers, effets ou » pièces, commis dans les dépôts publics. »

Attendu que l'article 214 ci-dessus-cité, impose à la Cour Royale, chambre des appels de police correctionnelle, l'obligation d'annuller les jugemens des Tribunaux correctionnels, toutes les fois que le fait sur lequel ils ont prononcé, est mis par la loi au rang des crimes ;

Attendu que l'article 408 charge la Cour de cassation d'annuller tous jugemens et arrêts rendus incompétemment et en dernier ressort, soit en matière criminelle, correctionnelle ou de simple police ;

Attendu que l'article 413 porte expressément que les voies d'annullation exprimées par l'article 408, sont ouvertes, en matière correctionnelle et de simple police, contre tous arrêts ou jugemens en dernier ressort ;

Attendu que le Législateur dans les attributions qu'il a données aux Tribunaux correctionnels par l'article 193, aux Cours Royales par l'article 214, et à la Cour de cassation par les articles 408 et 413, n'a pas distingué entre les jugemens et arrêts rendus sur la poursuite de la partie publique, ou la plainte de la partie lésée, et ceux qui auraient été rendus par suite d'un renvoi prononcé par une chambre des mises en accusation, en exécution de l'article 230;

Qu'en vain on a voulu distinguer entre les arrêts de renvoi passés en force de chose jugée, et ceux qui ne le sont pas; que dans le système de notre législation, un arrêt de renvoi d'une chambre des mises en accusation, ne peut acquérir l'autorité de la chose jugée, tant qu'il y a ouverture à cassation contre ses dispositions, et qu'il est établi par les articles de loi ci-dessus cités, et encore par l'article 416, que la Cour de cassation a encore le droit d'examiner le mérite de pareil arrêt, après qu'en exécution d'icelui, il a été statué par un Tribunal correctionnel ou de simple police; d'où il suit que le juge auquel une chambre des mises en accusation a renvoyé une affaire, en exécution de l'article 230, a également le droit d'examiner s'il est compétent, pour connaître du fait qui lui est soumis; que soutenir le contraire, c'est bouleverser tout le système des jurisdictions; c'est enchaîner la magistrature, en l'obligeant à juger avec la certitude de voir réformer ses décisions ou casser ses arrêts;

Mais attendu que dans l'espèce, et bien qu'il soit vrai que le Tribunal correctionnel de la Seine n'a fait qu'user d'un pouvoir à lui conféré par les articles 179 et 193 du code d'instruction criminelle, il n'est pas moins vrai que, d'après la nature de la mission qui a été confiée à de Maubreuil, et qui consistait à faire la recherche des diamans de la couronne que l'on supposait avoir été enlevés, et à les réintégrer dans le trésor royal; de Maubreuil ne peut être considéré que comme un mandataire spécial, et non comme un agent fonctionnaire ou dépositaire public de la classe de ceux énumérés par les articles 169 et 173, d'où il suit que le Tribunal correctionnel de la Seine a fait une fausse application desdits articles 169 et 173;

Attendu que jusqu'à présent et dans l'état actuel de la procédure, de Maubreuil n'est prévenu que d'un vol simple prévu par l'article 401 du code pénal, et d'abus de confiance prévu par l'article 408 du même code;

Attendu sur les fins de non recevoir opposés par de Maubreuil à l'action du ministère public, qu'étant établi que le délit à l'occasion duquel il est poursuivi, n'a pas été commis par un agent ou fonctionnaire public, il n'échéait de se pourvoir devant le Gouvernement pour obtenir l'autorisation de le poursuivre, et que rien ne prouve, comme on l'a avancé, que le Gouvernement ait abandonné les poursuites ou ordonné la mise en liberté légale du prévenu;

Attendu que le Tribunal dont est appel, s'étant dessaisi de la cause en se déclarant incompétent pour en connaître, a épuisé toute la jurisdiction qui lui est attribuée par la loi.

La Cour, faisant droit sur l'appel émis par de Maubreuil, du jugement du Tribunal correctionnel de la Seine du 22 avril dernier, annulle ledit jugement, et faisant ce que les premiers Juges auraient du faire, sans s'arrêter ni avoir égard aux fins de non recevoir dudit de Maubreuil, dont il est débouté, ordonne qu'à la requête du Procureur général du Roi, les témoins qu'il jugera à propos de faire entendre, seront cités à comparaître à l'audience du 2 mars prochain, pour être statué sur les préventions dont il s'agit, frais réservés.

Fait et prononcé en audience publique, au Palais de Justice à Douai, le 22 décembre 1817, où étaient présens Messieurs Marescaille de Courcelles, Président, Delaetre, Woussen, Vigneron et Degouve-Denuncques, Conseillers qui ont signé.

Etait signé Marescaille de Courcelles, Delaetre, Woussen, Vigneron et Degouve-Denuncques.

www.ingramcontent.com/pod-product-compliance
Ingram Content Group UK Ltd.
Pitfield, Milton Keynes, MK11 3LW, UK
UKHW020321250726
13967UKWH00004B/1799